产教融合背景下
电子竞技运动与管理专业
实践教学模式研究

闫红桥 著

九州出版社
JIUZHOUPRESS

图书在版编目（CIP）数据

产教融合背景下电子竞技运动与管理专业实践教学模式研究 / 闫红桥著 . -- 北京 ： 九州出版社， 2024.4

ISBN 978-7-5225-2847-2

Ⅰ.①产… Ⅱ.①闫… Ⅲ.①电子游戏 – 运动竞赛 – 体育专业 – 教学模式 – 研究 – 中国 Ⅳ.①G898.3

中国国家版本馆 CIP 数据核字（2024）第 083252 号

产教融合背景下电子竞技运动与管理专业实践教学模式研究

作　　者	闫红桥　著	
责任编辑	李文君	
出版发行	九州出版社	
地　　址	北京市西城区阜外大街甲 35 号（100037）	
发行电话	（010）68992190/3/5/6	
网　　址	www.jiuzhoupress.com	
印　　刷	河北文盛印刷有限公司	
开　　本	787mm×1092mm	16 开
印　　张	11.25	
字　　数	250 千字	
版　　次	2024 年 4 月第 1 版	
印　　次	2025 年 1 月第 1 次印刷	
书　　号	ISBN　978-7-5225-2847-2	
定　　价	55.00 元	

前　言

　　随着信息技术的迅猛发展和电子竞技产业的蓬勃兴起，电子竞技运动已经成为一项备受关注的全球性运动。电子竞技不仅仅是一种娱乐活动，更是一门专业的运动，涉及到多个领域的知识和技能。目前，产教融合是当前教育改革的重要方向之一，旨在将教育与产业深度融合，提高教育的实践性和应用性。在电子竞技运动与管理专业的教学中，产教融合的理念也得到了广泛应用。通过与电子竞技产业的合作，学生可以接触到真实的工作环境和实践项目，提升他们的实践能力和就业竞争力。本研究旨在探讨电子竞技运动与管理专业的实践教学模式，以满足产业发展对人才的需求。通过对现有实践教学模式的分析和评估，结合电子竞技产业的特点和需求，提出一种适合电子竞技运动与管理专业的实践教学模式。同时，本研究还将探讨如何加强产教融合，促进学校与电子竞技产业的合作，为学生提供更好的实践机会和就业前景。

　　在本书编撰的过程中，遇到了许多现实阻碍，由于当前相关领域对电子竞技研究资料及其有限，因此在本书的内容编撰中大量参考引用了相关知名游戏公司、知名专家及学者们的研究观点及宝贵资料，其中包括学术图书、教材、论文等。所参考借鉴的资料大部分已经标注在文后的参考文献中，如果有遗漏还望相关专家及公司海涵，作者在此对相关公司和专家们表示诚挚的谢意，并为前辈们对电子竞技领域做出的贡献表示由衷的敬佩。

　　未来，电子竞技运动与管理专业的实践教学模式将会更加注重实践与理论的结合，加强产业合作与实践环节，以及跨学科的融合。这将有助于培养出更多具备实践能力和综合素质的电子竞技运动与管理专业人才，为电子竞技行业的发展做出更大的贡献。

目 录

第一章 电子竞技运动的概述

第一节 电子竞技的发展环境

一、中国电子竞技产业环境分析

（一）电子竞技经济环境

1.宏观经济稳定

中国经济平稳增长、城乡居民收入继续增加、消费水平进一步提升、就业人口持续增加等，这些宏观经济指标展示了中国整体经济环境的良好运行状态和健康发展方向，从而使电子竞技产业的外围发展速度和发展空间可以有较为乐观的前景。

宏观经济稳定包括经济增长、就业稳定、物价稳定和金融稳定等方面。

（1）中国的经济增长为电子竞技产业提供了广阔的市场空间。中国经济持续增长，人民生活水平不断提高，人们对娱乐消费的需求也在不断增加。电子竞技作为一种新兴的娱乐方式，受到了越来越多人的关注和喜爱。经济增长为电子竞技产业提供了充足的消费能力和市场需求。

（2）就业稳定为电子竞技产业提供了人才支持。随着电子竞技产业的快速发展，相关的就业机会也在不断增加。从职业选手、教练、解说员到赛事运营、直播平台运营等，电子竞技产业涉及的岗位众多。就业稳定为电子竞技产业提供了充足的人才储备，保障了产业的持续发展。

（3）物价稳定为电子竞技产业提供了成本控制的基础。物价稳定意味着原材料、设备和劳动力等成本的相对稳定，有利于电子竞技产业的运营和发展。稳定的物价水平可以降低企业的生产成本，提高产业的竞争力。

（4）金融稳定为电子竞技产业提供了融资和投资的支持。金融稳定是电子竞技产业发展的重要保障，它为企业提供了融资渠道和投资机会。稳定的金融环境可以吸引更多的资金流入电子竞技产业，促进产业的快速发展。

综上所述，中国电子竞技产业的宏观经济稳定为其发展提供了有力支持。经济增长、就业稳定、物价稳定和金融稳定等因素共同推动着电子竞技产业的蓬勃发展。随着中国经济的持续增长和政府对电子竞技产业的支持，相信中国电子竞技产业的未来将更加光明。

2.产业结构持续优化

转变经济发展方式、调整优化产业结构成为国民经济发展转型的重要任务和社会各界的普遍共识，这对电子竞技在内的新兴行业是利好消息。电子竞技产业与高新技术的发展紧密相连，且主要以服务业的形式存在，因而国民经济产业结构调整的方向为电子竞技产业的蓬勃发展带来了契机。

（1）中国电子竞技产业的发展已经进入了一个新的阶段。过去，电子竞技主要是由游戏开发商、赛事组织者和俱乐部等主体组成的产业链。但是随着电子竞技的普及和市场规模的扩大，越来越多的企业和机构开始涉足电子竞技产业。例如，传统体育产业、互联网公司、媒体公司等都纷纷进入电子竞技领域，推动了产业结构的多元化和复杂化。

（2）电子竞技产业的结构也在不断优化。过去，电子竞技主要依靠游戏赛事和赞助商的支持来维持运营。但是现在，随着电子竞技市场的不断扩大，产业链上的各个环节也在不断完善和发展。例如，电子竞技培训机构、电竞直播平台、电竞赛事运营公司等新兴产业纷纷涌现，为电子竞技产业的发展提供了更多的机会和可能性。

（3）电子竞技产业的结构优化还体现在产业链上的各个环节之间的协同发展。过去，电子竞技产业链上的各个环节往往是相对独立的，缺乏有效的协同合作。但是现在，随着电子竞技产业的发展，各个环节之间的合作与协同变得更加紧密。例如，游戏开发商与电竞俱乐部合作推出专属游戏赛事，电竞赛事运营公司与电竞直播平台合作进行赛事直播等，这些合作与协同的模式不仅提高了产业链上各个环节的效率，也为电子竞技产业的发展带来了更多的机会和挑战。

总的来说，中国电子竞技产业的环境在不断变化和优化，产业结构也在持续优化。这种优化不仅体现在产业链上的多元化和复杂化，也体现在各个环节之间的协同发展。随着电子竞技产业的不断发展，我们可以预见，电子竞技产业的结构将会进一步优化，为产业的可持续发展提供更多的机会和可能性。

3.文化创意经济兴起

随着互联网的普及和技术的进步，中国电子竞技产业迅速崛起，并成为一个蓬勃发展的行业。电子竞技作为一种新兴的文化创意产业，不仅在经济上带来了巨大的增长，也在文化传承和创新方面发挥了重要作用。

（1）中国电子竞技产业在经济上具有巨大的潜力。根据相关数据显示，中国电子竞技市场规模已经超过百亿元，年均增长率高达20%以上。这一数字不仅令人瞩目，也反映了电子竞技产业的巨大商业价值。电子竞技赛事、游戏直播、游戏周边产品等相关产业链的发展，为整个产业带来了丰厚的利润。同时，电子竞技还吸引了大量的投资，促进了相关企业的发展，创造了大量的就业机会。

（2）电子竞技作为一种新兴的文化创意产业，对于文化传承和创新起到了重要的推动作用。电子竞技不仅是一种竞技活动，更是一种文化现象。它融合了游戏、音乐、艺术等多种元素，形成了独特的电子竞技文化。电子竞技赛事的举办、游戏直播的流行等，为年轻人提供了一个展示自己才华和实现梦想的平台。同时，电子竞技也促进了游戏产业的发展和创新。游戏开发商为了满足电子竞技的需求，不断推出更加精良、创新的游戏作品，推动了游戏产业的进步。

（3）中国电子竞技产业的发展也面临一些挑战。首先，电子竞技产业的监管和规范还不够完善。由于电子竞技的特殊性，涉及游戏、赛事、直播等多个方面，相关的法律法规还需要进一步完善，以保障产业的健康发展。其次，电子竞技产业的商业模式还需要创新。目前，电子竞技主要依靠赛事门票、赞助商和广告收入等来维持运营，但这些模式的可持续性还存在一定的问题。因此，电子竞技产业需要寻找更加稳定和可持续的商业模式，以确保产业的长期发展。

随着技术的不断进步和市场的不断扩大，电子竞技产业有望成为中国文化创意产业的重要组成部分，为经济增长和文化传承做出更大的贡献。同时，政府、企业和社会各界也应共同努力，加强监管和规范，推动电子竞技产业的健康发展。

（二）电子竞技社会文化环境

改革开放最早起步于经济领域，但随着步伐的不断深入，社会文化环境也随之发生巨大改变，中国电子竞技产业的发展受到社会文化环境的影响。以下是对中国电子竞技产业社会文化环境的分析。

1.文化认同

电子竞技作为一种新兴的竞技形式，已经在全球范围内迅速发展，并逐渐形成了独特的社会文化环境。在这个环境中，电子竞技玩家们形成了一种强烈的文化认同感。

（1）电子竞技社会文化环境的形成与电子竞技的特点密切相关。电子竞技是一种基于电子设备的竞技活动，玩家们通过电子游戏进行对抗和竞争。这种特殊的竞技形式使得电子竞技玩家们在游戏中形成了一种紧密的联系和共同体感。他们通过游戏交流、讨论和比赛，共同追求游戏的进步和胜利，这种共同的目标和价值观使得他们在社会文化环境中形成了一种强烈的认同感。

（2）电子竞技社会文化环境的形成也与电子竞技的社交性质有关。虽然电子竞技是一种虚拟的竞技形式，但是玩家们在游戏中可以通过语音聊天、文字聊天等方式进行交流和互动。他们可以组队合作，共同应对游戏中的挑战，也可以在比赛中互相竞争。这种社交性质使得电子竞技玩家们在游戏中建立起了深厚的友谊和团队精神，他们之间的互动和交流也促进了文化认同的形成。

（3）电子竞技社会文化环境的形成还与电子竞技的专业化发展有关。随着电子竞技的不断发展，越来越多的职业电子竞技选手和俱乐部涌现出来。他们通过参加各种电子竞技比赛和赛事，展示自己的实力和技术，为电子竞技文化的发展做出了重要贡献。这些职业选手和俱乐部的存在，使得电子竞技玩家们对电子竞技文化有了更深入的了解和认同，他们将自己视为电子竞技文化的一部分，为电子竞技的发展和推广贡献力量。

总之，电子竞技社会文化环境的形成与电子竞技的特点、社交性质和专业化发展密切相关。在这个环境中，电子竞技玩家们形成了一种强烈的文化认同感，他们将自己视为电子竞技文化的一部分，并为电子竞技的发展和推广做出了重要贡献。

2.教育体制

中国的教育体制注重学术成绩，对于体育和艺术等非传统领域的发展相对较少关注。然而，随着电子竞技的崛起，越来越多的学校开始设立电子竞技专业或者开设相关课程，为电子竞技人才的培养提供了机会。

（1）教育体制对电子竞技的认可程度直接影响着社会对电子竞技的态度和接受程度。在一些国家和地区，电子竞技已经被纳入正式的教育体系中，成为学校课程的一部分。这种认可程度使得电子竞技在社会中得到了更多的关注和支持，也为电子竞技选手提供了更多的发展机会。

（2）教育体制对电子竞技选手的培养起着重要的作用。一些学校和教育机构设立了电子竞技专业或课程，为有志于从事电子竞技的学生提供了专业的培训和指导。这种培养机制不仅提高了电子竞技选手的技术水平，还注重培养选手的团队合作能力、沟通能力和领导能力，使他们成为全面发展的人才。

（3）教育体制还对电子竞技的赛事组织和管理起着重要的作用。一些学校和教育机构会组织电子竞技比赛，为学生提供展示自己才华的平台。同时，教育体制也在规范电子竞技比赛的组织和管理，确保比赛的公平性和规范性。

目前教育体制对电子竞技的认可和支持程度在不同国家和地区存在差异。一些地方对电子竞技持保守态度，认为其对学生的学习和发展有负面影响，因此限制或禁止学生参与电子竞技活动。这种态度限制了电子竞技在社会中的发展空间，也限制了学生在电子竞技领域的发展机会。

教育体制对电子竞技社会文化环境的影响是多方面的。教育体制的认可程度、对选手的培养和赛事的组织管理都对电子竞技的发展起着重要的作用。随着电子竞技的不断发展，希望教育体制能够更加重视电子竞技的教育价值，为电子竞技选手提供更好的发展机会。

（三）电子竞技技术环境

1.移动通信技术的发展

我国至今已发展到第五代通信技术。

5G和电子竞技有着密切的关系，它们相互促进和影响着彼此的发展。5G网络具有更低的网络延迟，这对于电子竞技至关重要。在电子竞技中，玩家需要快速响应和实时交互，而低延迟的5G网络可以提供更流畅、更稳定的游戏体验。同时，5G的技术可以支持更高的带宽和数据传输速度，使得玩家可以更快地下载游戏和更新，享受更高质量的图像和视频传输。这对于电子竞技比赛的顺利进行和观众的观赛体验都非常重要。

可见，移动通信技术的快速发展为电子竞技提供了更多的可能性。例如，使用5G网络，可以实现远程游戏直播和云游戏，让玩家可以随时随地参与电子竞技活动，而不受设备性能和地理位置的限制。总的来说，5G的发展为电子竞技提供了更好的网络基础设施，提升了游戏体验、赛事表现和观众互动。

2.智能终端技术的发展

随着人工智能技术的不断发展，越来越多的应用场景需要将其与智能终端技术相结合。未来，我们可以预见到，在手机、电视、家居等各种设备中都会加入更加先进和复杂的人工智能算法，使得这些设备具有更强大和精准的感知、理解和决策功能。

同时，在硬件方面也会有所创新。例如，为了提高语音识别率和响应速度，未来手机可能会采用更高级别的芯片，并且在软件上实现本地化处理；而在家居领域，则可能出现一些集成式产品或者控制中心等等。

总之，在人工智能与智能终端技术融合后，我们将迎来一个更加便捷、舒适且个性化定制程度更高的生活方式。

3.人工智能技术的发展

随着人工智能技术的快速发展，中国电子竞技产业也迎来了新的机遇和挑战。

人工智能技术在电子竞技领域的应用，不仅提升了游戏体验和竞技水平，还推动了电子竞技产业的进一步发展。

首先，人工智能技术在电子竞技游戏中的应用，使得游戏更加智能化和个性化。通过深度学习和机器学习等技术，人工智能可以模拟人类玩家的行为和决策，从而提供更具挑战性和逼真度的游戏体验。同时，人工智能还可以根据玩家的个人喜好和游戏习惯，进行个性化的游戏推荐和匹配，提高玩家的参与度和满意度。

其次，人工智能技术在电子竞技比赛中的应用，提升了竞技水平和公平性。通过分析大量的游戏数据和玩家行为，人工智能可以预测和优化游戏策略，帮助选手提高竞技水平。同时，人工智能还可以监测和识别作弊行为，保证比赛的公平性和公正性。

此外，人工智能技术还为电子竞技产业带来了新的商机和发展空间。通过人工智能技术，电子竞技平台可以实现更精准的广告投放和用户画像，提高广告的转化率和效果。同时，人工智能还可以为电子竞技赛事提供更全面的数据分析和预测，帮助赛事组织者和投资者做出更明智的决策。

然而，人工智能技术的发展也带来了一些挑战和问题。首先，人工智能技术的应用需要大量的数据支持，而电子竞技产业的数据采集和管理仍存在一定的困难。其次，人工智能技术的算法和模型需要不断优化和更新，以适应电子竞技游戏的快速变化和发展。最后，人工智能技术的应用还面临着隐私和安全等方面的考虑，需要制定相应的法律和规范来保护用户的权益。

总之，人工智能技术的发展为中国电子竞技产业带来了巨大的机遇和挑战。通过人工智能技术的应用，电子竞技游戏变得更加智能化和个性化，竞技水平和公平性也得到了提升。同时，人工智能技术还为电子竞技产业带来了新的商机和发展空间。然而，人工智能技术的应用还需要克服一些困难和问题，才能实现更好的发展。

4.虚拟现实技术的发展

随着科技的不断进步，虚拟现实技术在中国电子竞技产业中的应用也越来越广泛。虚拟现实技术是一种通过计算机生成的模拟环境，使用户能够与虚拟世界进行互动。在电子竞技领域，虚拟现实技术为玩家提供了更加身临其境的游戏体验，极大地提升了游戏的沉浸感和真实感。

首先，虚拟现实技术在电子竞技游戏中的应用已经成为一种趋势。通过虚拟现实设备，玩家可以身临其境地参与游戏，感受到游戏中的视觉、听觉和触觉等多种感官刺激。例如，玩家可以通过虚拟现实头盔来体验射击游戏中的真实战斗场景，或者通过手柄和体感设备来进行体育竞技游戏。这种沉浸式的游戏体验不仅增加了游戏的乐趣，还提高了玩家的参与度和竞技水平。

其次，虚拟现实技术在电子竞技赛事中的应用也越来越广泛。通过虚拟现实技术，电子竞技赛事可以更加生动和真实地呈现给观众。观众可以通过虚拟现实设备，如VR眼镜，来观看比赛，仿佛身临其境地参与其中。同时，虚拟现实技术还可以为电子竞技赛事提供更多的创新和互动方式，如虚拟现实直播、虚拟现实解说等，进一步提升了电子竞技赛事的观赏性和娱乐性。

此外，虚拟现实技术还为电子竞技产业带来了更多的商机和发展空间。随着虚拟现实技术的不断成熟和普及，越来越多的游戏开发商开始将虚拟现实技术应用到他们的游戏中，以提升游戏的竞争力和市场吸引力。同时，虚拟现实技术也为电子竞技产业带来了更多的创新和商业模式，如虚拟现实游戏厅、虚拟现实主题乐园等。这些新兴的商业模式不仅为电子竞技产业带来了更多的收入来源，还为玩家提供了更多选择和体验。

总之，虚拟现实技术在中国电子竞技产业中的发展前景广阔。随着技术的不断进步和应用的不断扩展，虚拟现实技术将为电子竞技产业带来更多的创新和发展机遇，为玩家提供更加身临其境的游戏体验，同时也为电子竞技赛事和商业模式带来更多的可能性。

5.网络直播技术的发展

中国电子竞技产业在过去几年中取得了巨大的发展，其中网络直播技术的进步起到了至关重要的作用。网络直播技术的发展使得电子竞技赛事能够实时地通过互联网传输到全球各地的观众，为电子竞技产业带来了巨大的商业价值和影响力。

首先，网络直播技术的发展使得电子竞技赛事能够实现全球范围内的实时观看。通过互联网的高速传输，观众可以在任何时间、任何地点观看电子竞技比赛。这不仅提高了观众的观赛体验，也为电子竞技产业的商业化提供了更广阔的市场。

其次，网络直播技术的发展为电子竞技产业带来了更多的商业机会。通过网络直播平台，电子竞技赛事可以吸引更多的观众，从而吸引更多的广告商和赞助商。同时，观众可以通过网络直播平台购买虚拟礼物、参与竞猜等方式支持自己喜爱的电子竞技选手或战队，为电子竞技产业带来了更多的收入来源。

此外，网络直播技术的发展也为电子竞技选手和战队提供了更多的曝光机会。通过网络直播平台，选手和战队可以展示自己的实力和风采，吸引更多的粉丝和赞助商。这不仅提高了选手和战队的知名度，也为他们带来了更多的商业机会。

总的来说，网络直播技术的发展为中国电子竞技产业带来了巨大的机遇和挑战。通过网络直播技术，电子竞技赛事可以实现全球范围内的实时观看，吸引更多的观众和商业合作伙伴。然而，随着电子竞技产业的不断发展，网络直播技术也面临着更多的竞争和挑战，需要不断创新和提升，以满足观众和产业发展的需求。

二、中国电子竞技产业生态环境构成

中国电子竞技产业生态环境的构成具有多层次、多主体、多模式等特点。在产业层次环境上包含了监管层面、管理组织与运作层面、活动层面等；在产业主体环境上包含了政府层面、产品层面、赛事层面、用户层面等；在产业模式环境上则包含了内容授权模式、内容生产模式、内容传播模式等。

（一）政府层面

在中国电子竞技产业的生态环境中，政府层面起着至关重要的作用。政府的政策支持、监管和引导，对电子竞技产业的发展起着决定性的影响。

1.政府在电子竞技产业的发展中提供了政策支持

近年来，中国政府相继出台了一系列支持电子竞技产业发展的政策文件，包括《关于促进电子竞技产业发展的若干意见》等。这些政策文件明确了电子竞技产业的地位和发展方向，为电子竞技企业提供了政策红利和发展机遇。

2.政府在电子竞技产业的监管方面发挥了重要作用

政府通过制定相关法律法规和政策文件，对电子竞技产业进行规范和监管，保障了电子竞技市场的健康发展。例如，中国电子竞技协会作为行业组织，由政府主管部门指导，负责电子竞技产业的组织、管理和监督工作，维护了电子竞技产业的秩序和权益。

3.政府还积极引导电子竞技产业的发展

政府通过举办电子竞技赛事、建设电子竞技场馆等方式，为电子竞技产业提供了发展平台和场地。同时，政府还鼓励电子竞技产业与其他相关产业的融合，推动电子竞技与文化、旅游、教育等领域的深度合作，促进电子竞技产业的全面发展。

总之，政府在中国电子竞技产业的生态环境中扮演着重要角色。政府的政策支持、监管和引导，为电子竞技产业的发展提供了有力支持，推动了电子竞技产业的繁荣和壮大。随着政府对电子竞技产业的重视程度不断提升，相信中国电子竞技产业的生态环境将会越来越好，为电子竞技产业的可持续发展提供更加有利的条件。

（二）产品层面

在中国电子竞技产业的生态环境中，产品层面是其中一个重要的构成要素。在这个层面上，电子竞技产业涵盖了各种各样的产品，包括游戏软件、游戏硬件、电子竞技设备等。

1.游戏软件

电子竞技游戏是电子竞技产业的核心，它们是电子竞技比赛的基础和载体。这些游戏软件通常由游戏开发公司开发，包括了各种类型的游戏，如射击类、策略类、MOBA类等。这些游戏软件不仅需要具备高质量的画面和音效，还需要具备平衡性、竞技性和可观赏性，以满足电子竞技比赛的需求。

2.游戏硬件

电子竞技比赛对于游戏硬件的要求非常高，因为玩家需要使用高性能的电脑、显示器、键盘、鼠标等设备来获得最佳的游戏体验和操作效果。因此，游戏硬件厂商在电子竞技产业中扮演着重要的角色，他们不断推出新的产品来满足玩家的需求，并不断提升产品的性能和稳定性。

3.电子竞技设备

电子竞技设备包括了电竞椅、电竞耳机、电竞鼠标垫等，这些设备在电子竞技比赛中起到了重要的作用。电竞椅可以提供舒适的坐姿和支撑，电竞耳机可以提供清晰的音效和通讯功能，电竞鼠标垫可以提供平滑的鼠标移动。这些设备不仅提高了玩家的游戏体验，还提高了他们在比赛中的竞技能力。

总之，在中国电子竞技产业的生态环境中，产品层面是一个非常重要的构成要素。游戏软件、游戏硬件和电子竞技设备等产品的不断创新和提升，为电子竞技产业的发展提供了坚实的基础。同时，这些产品也为玩家提供了更好的游戏体验和竞技环境，推动了电子竞技产业的蓬勃发展。

（三）企业层面

在中国电子竞技产业的生态环境中，企业层面是一个重要的构成部分。在这个层面上，有许多不同类型的企业参与其中，包括游戏开发商、电竞俱乐部、赛事组织者、赞助商等。

1.游戏开发商

他们负责开发和运营电竞游戏，为电竞产业提供了基础设施。游戏开发商通过不断创新和改进游戏，吸引更多玩家参与电竞比赛，推动电竞产业的发展。

2.电竞俱乐部

电竞俱乐部是专门组织和培训电竞选手的机构，他们为选手提供训练场地、教练、赛事参与等资源。电竞俱乐部的存在，为电竞选手提供了一个良好的成长环境，同时也为电竞产业输送了人才。

3.赛事组织者

他们负责策划、组织和执行电竞比赛，包括线上赛事和线下赛事。赛事组织者通过举办精彩的比赛，吸引观众和赞助商的关注，推动电竞产业的发展。

5.赞助商

赞助商为电竞俱乐部、赛事组织者等提供资金支持，帮助他们开展各种活动。同时，赞助商也通过赞助电竞比赛，提升自己的品牌知名度和形象。

总的来说，企业层面是中国电子竞技产业生态环境中不可或缺的一部分。不同类型的企业相互合作，共同推动电子竞技产业的发展。通过不断创新和合作，中国电子竞技产业在企业层面上不断壮大，为整个产业的繁荣做出了重要贡献。

（四）赛事层面

在中国电子竞技产业的生态环境中，赛事层面是一个非常重要的组成部分。赛事的举办不仅能够提供给选手们展示自己实力的舞台，也能够吸引大量的观众和赞助商参与其中，从而推动整个产业的发展。

1.中国电子竞技赛事的举办数量和规模不断增加

随着电子竞技的普及和受众的增加，越来越多的赛事在中国举办。从小型的校园比赛到大型的国际赛事，各种规模的赛事层出不穷。这不仅为选手提供了更多的参赛机会，也为观众提供了更多的观赛选择。

2.中国电子竞技赛事的专业化水平不断提高

随着电子竞技产业的快速发展，赛事的组织和运营也变得越来越专业化。赛事的策划、赛程安排、裁判管理等方面都得到了更加严谨和规范的处理。同时，赛事的直播和解说也越来越专业化，能够给观众带来更好的观赛体验。

3.中国电子竞技赛事的赞助商和合作伙伴也越来越多

随着电子竞技产业的快速崛起，越来越多的企业开始意识到电子竞技的商机，纷纷加入赛事的赞助和合作中。这不仅为赛事提供了更多的资金支持，也为选手们提供了更多的机会和福利。

4.中国电子竞技赛事的影响力和知名度也在不断提升

随着中国选手在国际赛事中的崭露头角，中国电子竞技赛事的知名度也越来越高。越来越多的人开始关注和支持电子竞技赛事，这为整个产业的发展提供了更大的动力。

总的来说，中国电子竞技赛事在产业生态环境中扮演着重要的角色。赛事的举办数量和规模不断增加，专业化水平不断提高，赞助商和合作伙伴也越来越多，影响力和知名度也在不断提升。这些都为中国电子竞技产业的发展提供了良好的环境和条件。

三、中国电子竞技产业发展水平与发展趋势

中国电子竞技产业发展水平与发展趋势一直备受关注。随着互联网的普及和

技术的进步，电子竞技在中国的发展迅猛，已经成为一个庞大的产业。首先，中国电子竞技产业的发展水平已经达到了世界领先水平。中国拥有庞大的电子竞技玩家群体，同时也拥有众多的电子竞技俱乐部和职业战队。中国的电子竞技赛事也越来越多，包括国内的职业联赛和国际赛事。中国选手在国际赛事中取得了很多优异的成绩，不仅在游戏技术上有着出色的表现，还在赛事组织和赛事产业化方面有着丰富的经验。其次，中国电子竞技产业的发展趋势是多元化和专业化。随着电子竞技产业的不断发展，越来越多的领域开始涉足电子竞技，包括游戏开发、赛事组织、赛事直播、赛事解说等。同时，电子竞技职业化程度也在不断提高，职业选手的培养和管理越来越重要，电子竞技俱乐部和战队的专业化运营也成为产业发展的重要方向。再次，中国电子竞技产业的发展还面临一些挑战。首先是游戏版权保护问题，一些游戏的盗版和侵权现象严重影响了电子竞技产业的健康发展。其次是赛事组织和赛事直播的规范化问题，一些赛事的组织和直播存在不规范的现象，影响了电子竞技产业的形象和发展。此外，电子竞技产业的商业化程度还有待提高，目前赞助商和广告商对电子竞技的投入还不够，限制了产业的发展。

综上所述，中国电子竞技产业的发展水平已经达到世界领先水平，发展趋势是多元化和专业化。然而，产业发展还面临一些挑战，需要各方共同努力解决。相信在政府的支持和产业各方的努力下，中国电子竞技产业将会迎来更加辉煌的未来。

（一）市场规模

1.整体市场规模

我国电子竞技整体市场收入包括电子竞技游戏产品收入，即电子竞技类型游戏产品业务收入；电子竞技赛事收入，包括赛事赞助收入、版权分销、用户付费打赏、赛事门票等；电子竞技衍生收入，包括电子竞技游戏产品及赛事衍生品收入，如周边产品、手办等。

中国移动电竞游戏产业的发展受到广泛的关注，国家也积极支持。未来，中国移动电竞游戏产业的发展前景非常广阔，只要有正确的产业发展思路，中国移动电竞游戏产业就将开创新的眉目。

2.细分市场规模

电子竞技产业细分市场由电子竞技游戏市场、电子竞技衍生市场（俱乐部、直播平台市场等）、电子竞技赛事市场（赛事、广告、周边产品等市场）组成。中国电子竞技市场快速成长的基础是上述三个细分市场爆发的综合体现。从总量与增长速度上看，电子竞技游戏收入是市场规模的主要组成部分，而电子竞技衍生收入增速较快，随着用户数量保持稳定增长，未来电子竞技行业规模的增长将集中在衍生收入上，电子竞技衍生与电子竞技赛事收入是电子竞技产业未来增长的发力点。

（二）用户规模

近年来，电子竞技行业迅猛发展，吸引了越来越多的用户参与其中。电子竞技用户规模不断扩大，已经成为一个庞大的群体。首先，电子竞技的用户规模在全球范围内呈现出快速增长的趋势。根据统计数据显示，截至2021年，全球电子竞技用户数量已经超过了4亿人。这个数字相较于几年前的数百万人已经有了巨大的增长。尤其是在亚洲地区，电子竞技的用户规模更是庞大，中国、韩国、日本等国家的电子竞技用户数量居全球前列。其次，电子竞技的用户群体越来越多样化。过去，电子竞技主要是年轻人的娱乐方式，但现在不仅仅局限于年轻人，各个年龄段的人都参与其中。无论是学生、上班族还是退休人员，都可以成为电子竞技的用户。这也反映了电子竞技的普及程度和受众广泛性。

此外，电子竞技的用户规模还在不断扩大。随着电子竞技产业的发展，越来越多的人开始关注和参与电子竞技。各种电子竞技赛事的举办，以及电子竞技俱乐部的兴起，为用户提供了更多的参与和观赏的机会。同时，电子竞技直播平台的兴起也为用户提供了便捷的观赛方式，进一步推动了用户规模的扩大。

电子竞技的用户规模正在不断扩大，已经成为一个庞大的群体。随着电子竞技行业的不断发展和普及，相信电子竞技的用户规模还会继续增长。

（三）中国电子竞技产业发展趋势

在电竞市场向纵深发展、相关政策放开与技术发展等因素的综合作用下，未来中国电竞产业的发展呈现出五个主要趋势：体育化与规范化、娱乐化与市场化、"电竞+"模式融合、电竞移动化与电竞虚拟化。

1.向体育化、规范化方向纵深发展

预期电竞生态中各主体将通过合作，建立国家标准，以推行政策法规、规范电竞赛事、培养相关人才等方式推进电子竞技产业的泛体育化发展，使得电竞运动逐渐向足球、篮球等模式成熟的传统体育靠拢，可以使电子竞技项目产生巨大的传播力和影响力，有利于扩大群众基础，加速整体电竞市场的良性发展。

2.向娱乐化、市场化方向横向发展

电竞融合了"泛娱乐"行业属性，共同面向的年轻用户群体重合度非常高，在娱乐化上具有天然的优势。两者逐渐呈现融合趋势，互相借势扩大用户群体，加强影响力。电竞与娱乐的用户是以年轻一代为主体的庞大群体，为吸引广大用户群体，电竞内容形式朝向娱乐化发展，电竞突破内容边界涉足真人秀等娱乐形式；电竞明星涉足娱乐圈，职业选手/主播等出演娱乐节目、音乐 MV 逐步成为常态。而娱乐明星参与直播电竞游戏、代言赛事、参与赛事现场表演成为现在电竞主打宣传模式。

电竞与娱乐的进一步融合将催生出规模巨大的粉丝经济，并带来巨大的用户流量，必然会拓宽电竞产业市场界限。此外，电竞娱乐化向纵深方向发展，扩大电竞竞技的影响人群，提升电子竞技的正面社会形象，推动中国电竞产业的发展与成熟。

3.“电竞+”模式融合发展

通过“电竞+”模式，带动上下游相关产业快速发展。下一步，政府、资本和相关企业将以电子竞技作为支点，撬动游戏、动漫、IT、大数据、旅游、文化创意等新兴产业。“电竞+”模式，可以更好地实现电竞各环节的增值，并有助于延长和提升整体产业链，扩大电子竞技产业规模，进一步巩固用户人群，使电子竞技项目实现良性循环。

4.移动化趋势明显

由于手游操作的低门槛，用户参与、观赛意愿高，众多厂商将战略重心放至移动游戏领域，随着移动游戏的空前发展，移动电竞得到爆发式增长。电竞移动化的发展趋势本质上是消费需求转变的体现。移动设备性能提升、用户群体年轻化、随时娱乐需求被放大等新现象催生出新的电竞市场机会，而以《王者荣耀》为代表的手游电竞产品打开了移动电竞发展的大门。以腾讯、英雄互娱为代表的国内游戏巨头纷纷布局移动电竞游戏及其赛事，促使移动电竞赛事日趋多元化与成熟化。

5.电竞虚拟化

电竞虚拟化是指将电子竞技比赛场景和体验通过虚拟现实技术进行模拟和重现的过程。通过电竞虚拟化，玩家可以身临其境地参与电子竞技比赛，感受到真实的比赛氛围和紧张刺激的竞技体验。电竞虚拟化的实现主要依靠虚拟现实技术，包括头戴式显示器、手柄控制器、定位追踪器等设备。玩家通过戴上头戴式显示器，可以进入一个虚拟的电竞比赛场景，感受到身临其境的感觉。手柄控制器可以模拟游戏中的操作，让玩家可以自由地控制角色进行游戏。定位追踪器可以追踪玩家的身体动作，使得玩家可以通过身体的动作来进行游戏操作。

电竞虚拟化不仅可以提供更加真实的游戏体验，还可以为电竞比赛带来更多的可能性。通过虚拟现实技术，可以模拟各种不同的比赛场景，包括不同的地图、不同的天气条件等，使得比赛更加多样化和有趣。同时，电竞虚拟化还可以提供更加公平的比赛环境，避免外界因素对比赛结果的影响。

除了提供更好的游戏体验和比赛环境，电竞虚拟化还可以为电竞产业带来更多的商机和发展空间。虚拟现实技术的应用可以吸引更多的玩家和观众，增加电竞比赛的关注度和影响力。同时，电竞虚拟化还可以为游戏开发商和电竞俱乐部提供更多的合作机会，推动电竞产业的发展和壮大。

（四）电子竞技行业的特点与发展方向

1.电子竞技行业的特点

我国电子竞技经过多年步履蹒跚地发展，已经逐渐步入正轨。与传统体育赛事相比，电子竞技的产业模式更加多元化，主要特点有以下几点：

（1）受场地局限性小

电子竞技与传统体育赛事最大的一个区别就是对比赛场地的依赖性。众所周知，越具备大型商业化模式的体育赛事，所需要的场地也越大，比如足球、篮球。这些运动都需要在线下的大型体育馆中进行，不光如此，这些运动都不是一个人可以玩起来的，需要多人进行配合，小到篮球的三人、五人赛制，大到足球的十一人赛制。

而电子竞技完全不用担心这些问题，只要拥有网络并拥有一台电脑或者一台手机，就可以随时随地进行游戏，有效地规避了场地限制的问题。作为现在主流的网络游戏和网络竞技游戏而言，通过互联网打破人员的限制，只需要游戏在线，全国各地的玩家都可以通过匹配来进行一场比赛，从此人数难凑齐的问题就不再是一个问题了。随着移动设备的进一步普及与硬件性能的提升，电子游戏的运行门槛也越来越低，接触游戏的用户年龄层次也越来越低，所以未来电子游戏用户、竞技游戏用户的上升空间也是巨大的。

伴随着5G网络的建设与5G移动设备的诞生与普及，相信在未来5至10年内，移动网络游戏和移动竞技游戏，将会得到全新的发展。

（2）项目变化快

相比于传统体育赛事，电子竞技的项目变化非常快。一个成型的传统体育项目在基本规则定型的情况下，可以运行几十年，是真正的"铁打的运动项目，流水的运动员"。在如此长时间周期的赛事运营中，也只是针对部分规则进行调整，整体的规则是不变的。

（3）运动员职业生涯较短

相较于传统体育项目，电竞项目的运动员职业生涯比较短，主要源于培训体系与选拔机制不同造成的。我们来看一下两种体育竞技的选手选拔与培养机制有何不同。

①传统体育选手选拔及培养体系

传统体育项目的运动员培养，有相对完整的培养体系。家长可直接将孩子送入体校或报名某些体育特训班进行学习，此时孩子的年龄通常在5、6岁。正是孩子学习能力、可塑性最强的一个阶段，此时接受正规的职业化训练最容易出成绩，成绩的提升效果也较为明显。其次，在小学、中学、大学，都有针对体育特长的学生进行专业培养的机制以及较为完善的比赛设置，如：区级比赛、市级比赛和全国比赛。通过比赛，可以有机会从业余选手晋升为职业选手。之后通过各个职业队的专业训练及比赛，有机会被选拔进入国家队，在世界赛场上驰骋。传统体育项目，一般都是以体能或对抗的项目（如足球、田径）为主，因此容易在训练或比赛中受到一定程度的身体损伤，很多运动员因为伤病等其他原因提前退役，但是因为参与此项活动的人口基数较为庞大，从概率上讲总能发现有天赋的运动员，也经常能够出现成绩惊艳的人才。

②电子竞技选手选拔及培养体系

电子竞技作为新兴体育产业，虽然也有了20余年的历史，但也只是处于初级阶段，虽然从2018年开始我国的电竞队伍得到了不少国际赛事的冠军，呈井喷式发展。但是相较于传统体育选手的选拔与培养还处于建设与摸索阶段，没有形成有效的选拔体系、晋升体系与队员退役的相关流程。

电子竞技项目不同于传统体育项目的高体能、强身体对抗。只需要每个人拥有一台电脑或手机这样的电子设备，就可以进行比赛，减少了身体直接的碰撞，因此不需要对队员的身体素质进行特殊的锻炼，但电竞项目属于高脑力型运动，对选手的反应能力、计算能力、协调能力、领导能力（感知力、多信息处理能力）都有较高的要求，并且也需要"天赋"。

国内的电竞选手选拔与传统体育项目不同，没有"体校"这类专业的地方进行早期的训练，也较少有学校开设电竞专业进行教育，只能通过玩家自己去玩游戏、参加比赛来得到各大俱乐部的关注，而能被选中的人，最小的也要15岁左右。因此运动员的起点，要比传统体育项目晚约10年。

电子竞技出成绩的时间段正好处在15岁至25岁，天赋好的选手18、19岁就可以得到世界赛事的冠军；而有的无论怎么努力可能也无法达到巅峰。再者，电竞游戏产品的迭代速度较快、每个俱乐部对于同一电竞游戏设置的队伍数量不会太多，导致很多选手经常作为预备队员存在，无法参与到真正的大赛中，因此淘汰率相当高。

选手在28岁以后，反射神经相较于年轻选手会出现一定下滑，对于需要高反应能力、高协调能力的项目掌控性出现状态下降（也就是常说的手跟不上脑子的反应），因此对于很多单人项目的选手在无法打出好成绩的情况下，都会被迫退役或转行。这也使得电子竞技运动员淘汰速度很快，职业生涯寿命较短。

2.电子竞技行业的发展方向

电子竞技行业未来的发展方向应该向专业化和市场化演变。电子竞技用户的稳定增长，大量移动电子竞技游戏带来的移动电子竞技用户，都为传统的PC电竞带来了新的繁荣与变化。电子竞技的移动化、赛事直播网络化、赛事曝光度的提升，使得电子竞技普及度越来越高，人们的接受程度也越来越高，电子竞技逐渐从"竞技"属性，逐渐过渡到"娱乐竞技"，这将进一步加强游戏的娱乐性与互动性。电子竞技未来可能的发展方向大致有以下几个方面。

（1）电竞赛事主场化

目前我国电竞产业已经完成产业链的初步布局，对于当前的赛事来说，赛事主场化将会成为下一个产业调整的重点。

过去的赛事主要以赛事举办者为主，分散在全国的俱乐部因为某一项赛事的举办，全部千里迢迢跑到这个城市去比赛。而电竞主场化，就是将原本集中在一所城市中举办的比赛，通过俱乐部所在城市而建立主场馆，组成与足球、篮球类似的主客场比赛机制，将比赛分散到各个城市去。

电竞赛事主场化的好处是能有效地拉动整体行业增长与相关产业增长，比如当地建设场馆或租用大型体育馆作为主场馆，可以增加场地利用率，为地产行业添砖加瓦，并且可以有效地提升本地用户对电竞游戏与内容的黏性等诸多正面作用。

（2）游戏企业主办赛事成为主流

最早的电竞赛事都是由第三方来组织、举办综合电竞比赛的活动，包括了竞技项目设定、比赛规则设定、赛事宣传、赛事管理等内容。但从近年开始，游戏企业主办竞技赛事开始逐步占据电竞赛事筹办的主要部分。

游戏企业主办电竞赛事的好处是游戏企业具备一定的专业性。游戏企业对于相关游戏更加了解，能更好地完善游戏相关赛事，打造更出色的游戏职业联赛，提升对电竞俱乐部的吸引力。同时，游戏企业能够以赛事推广游戏，加强赛事与游戏的互通，将赛事针对性地触及不同用户群体，更好地推进现阶段赛事商业化的问题。

（3）电竞商业化程度逐步加深

电子竞技产业化的不断发展与成熟，带动了上、中、下游整体产业链的变化。

下游产业链：主要以赛事场馆的运营、线下的冠名广告、赛事门票收入、电竞赛事硬件设备、媒体宣传为主。

中游产业链：电竞俱乐部的商业化运作、队员招募与训练、赞助商、广告等。电子竞技产业的蓬勃发展，自然吸引了大批资本的目光，如下图所示。不同背景的资本注入电竞俱乐部，使得俱乐部获得了不同资源，也带动了他们在内容上的升级与转变。而相关赛事也通过各个俱乐部与各大品牌产生了直接联系，吸引更多商业资源与资本有效融合，为俱乐部得以更好地运营提供了先决条件。

上游产业链：作为电子竞技的源头，原生游戏企业在整个环节中处于上游位置，结合游戏天然的吸金能力，拥有足够的资本进行赛事宣传、游戏推广、媒体宣传等工作。而各大媒体，可以通过其自有平台及网络主播资源发展粉丝经济，帮助游戏企业进行相应曝光，既可以获得收入也可以帮助赛事、游戏本身得到广泛的传播。

（4）人才培养专业化

伴随着电竞赛事规模的逐步提升，游戏产业对于相关人才的需求增强，快速发展的电竞产业，正遭遇专业人才缺乏的瓶颈。我国电竞产业目前已经产生了庞大的专业人才缺口，主要集中在职业选手、赛事解说、主播、赛事组织运营等岗位。

人才的缺乏使电竞产业的发展受到了制约，一方面，人才的缺失不利于电竞产业对于粉丝经济的发展。我国电子竞技用户规模已突破4亿，粉丝经济的发展空间巨大。在电子竞技产业中受粉丝关注的主要为职业选手、赛事解说以及主播等，其中电竞职业选手最受粉丝关注。与传统体育赛事相同，知名选手在比赛中的比拼是吸引用户关注的重要因素。目前国内在运动员管理方面基本上处于缺位状态，电子竞技选手认证及其他体系的建设不完善，影响电竞选手的发展，导致选手在赛事中无法发挥最佳状态，无法参加赛事的情况时有发生。电竞选手无法受到主流社会的认同，也会影响电竞选手数量的增加，导致粉丝用户的流失，进而影响电竞产业的发展。

另一方面，赛事解说以及赛事组织等岗位的缺乏会影响电竞赛事的举办质量，降低赛事观众的参与度，不利于电竞产业影响力和赛事知名度的提升。下一个阶段，第三方电竞教育相关机构将会涌入市场，这些机构可能会将主要目标放在电竞选手、主播、教练、解说等职业的培训上，并且部分教育机构会有艺人经纪的业务，对学员进行培训后同优秀学员进行签约并送到各大直播平台、电竞俱乐部等。专业机构既能有针对性地培养出专业电竞人才，满足市场需求，同时还能为解决学生的就业问题提供新的方向。

3.VR技术对电子竞技的影响

游戏行业发展至今，不论是电脑、手机、家用主机又或是街机，都是以电子设备为主要载体呈现给用户一种二维平面的游戏体验。虽然画面表现力、操作效果逐年得到提升，但也未能摆脱这种体验的固有模式，目前的游戏模式以及硬件载体，已经出现了瓶颈。而未来，能够给用户带来更好体验的模式，应该是让用户摆脱设备的禁锢，通过更简单、更直接的方式连接到游戏中，给游戏玩家提供真实的触感、听觉、视觉仿佛身临其境的游戏环境。

当前的移动平台，可以进行走、跑、跳的基本移动。与电影中的机器相比还要原始一点，但一切都在像电影中描述的场景进化着。相信当科技更进一步时，我们也可以有一个属于我们的"绿洲"世界。VR技术的发展如果趋向成熟，一定会对电竞产生深远的影响。在当前环境下，电子竞技更多的是考验选手的脑力、心力和反应能力、协调能力等相对静态的技术比拼。

当前比较成功的电子竞技游戏项目多为射击游戏。如果VR设备发展到电影中这种状态，那么电子竞技游戏，尤其是射击游戏，将不光考验队员的脑力、心力、协调能力，还要有强大的体能来支撑多局比赛。让电子竞技真正的变成一项"运动"。未来的电子竞技游戏，也将会有泛娱乐类型（音乐类等）的游戏进入到比赛项目中丰富整个电子竞技项目的环境，可以让更多不同类型的选手参与其中。VR技术的成熟，不光带来游戏性和游戏操作模式的革命，还对竞技比赛的观众提供了新的形式。就像现在观看3D电影一样，只要带上VR设备，就可以直接连入比赛中，身临其境，以"上帝视角"来观看游戏比赛，这样的形式要比现在在比赛会场通过大型LED屏幕或者在线上通过视频直播观看比赛得到更好的体验，届时游戏行业也一定会迎来新的爆发式增长的一天。[①]

第二节　电子竞技的商业模式

一、欧美电子竞技商业模式

欧美电子竞技产业经过近40年的发展，其商业模式最具有典型性。在价值主张上，欧美电竞聚焦赛事与参与选手，主张游戏本身价值开发与参与者价值体现；在价值创造上，由于欧美在电竞产业上已深耕多年，其覆盖全产业链的价值创造体系，体现了欧美电竞商业模式的成熟之处。在价值获取上，欧美电竞赛事模式趋向成熟，拥有产业链顶端资源优势，主要依靠中上游领域盈利。

（一）价值主张

在价值主张维度上，欧美聚焦赛事与参赛选手，主张游戏本身价值开发与参与者价值体现。赛事在理念与文化上与中韩有大差异，欧美电子竞技赛事以吸引更多人到现场参与活动为主要思路，其相应的客户价值主要指的是电子竞技赛事参与选手。受欧美崇尚个性自由、亲力亲为的习惯以及欧美国家电子经济发达生活水平高有较多的业余时间和兴趣的影响，欧美更习惯与强调亲自参与运动和活

---

① 恒一.电子竞技产业分析［M］.南京：江苏人民出版社，2017：55—56.

动，并在其中寻找自身的价值；此外，欧美人较亚洲人而言流动性比较大，因此大量参与人员可以方便地参与到不同地点准备赛事，而不用支付较高的成本。与此同时，美国社会更为多元化，美国高校已将电子竞技当作一项团队体育运动，美国政府也将职业电子竞技选手视作移民的一项条件，因此对于电子竞技的参与者而言参与比赛本身就是一种价值的体现，这也是欧美电子竞技基础广泛的根本原因。在客户关系维度上，欧美国家电子竞技产业厂商基于与参赛选手、观众的良好互动与权利的尊重，维持着良好的客户关系。同时欧美国家有着良好的电子竞技基础与环境，在主要赛事上以业余选手的参与为主，因此从这一事实出发，对欧美国家的电子竞技参与群体主要聚焦在业余选手上。而近年随着移动终端设备的发展，对移动终端用户也逐渐重视。

（二）价值创造

在价值创造维度上，欧美电竞构建了覆盖全产业链的价值创造体系，体现了其成熟之处。在上游，欧美掌握着电子竞技的核心资源：游戏专利与知识产权，通过游戏的授权运营与知识产权收费游戏，开发商可以创造大部分价值；在渠道通路与关键业务上欧美电子竞技赛事组织模式主要是围绕现场比赛来进行的，以电视转播为辅助。由于欧美电子竞技的商业模式主要针对的客户是广大的业余电子竞技爱好者，因此其赛事的组织上就侧重现场赛事的公平性和专业性，以提高现场比赛过程中舒适性和感受度；当前欧美电子竞技产业在价值创造的过程中依托于多层次与多维度的合作，在传播途径上与主要的电视台进行专业的游戏直播与转播合作、与直播平台合作进行网络化传播，赛事上主要是电脑软硬件厂商、知名俱乐部与游戏开发企业进行联手合作，打造多方参与的赛事运作模式。

（三）价值获取：盈利模式

价值获取维度上，欧美电竞赛事模式成熟，拥有产业链顶端资源优势，主要依靠中上游产业领域盈利。从成本结构上看，随着近年来专业赛事的增多，参与选手的规模与范围逐渐扩大，赛事的奖金支出也越来越大，电子竞技产业的成本支出主要有两大模块：一是产品的研发模块；二是赛事奖金支出模块。从盈利模式来看，欧美电子竞技产业盈利模式围绕电子竞技专业比赛而进行，侧重赛事公平，对赛事管理非常专业。因此，从这一层面分析，欧美电子竞技产业关注的是赞助商的选择，而美国主要的电子竞技赞助商是电脑软硬件厂商，其持续投入的主要动力在于，通过比赛可以提高自身产品在相关领域的知名度，提高其在高端游戏市场上的占有率。因此，在欧美模式中，赞助商更在意扩大比赛在高端的软硬件消费者及发烧友级别的游戏玩家中的影响力。而欧美国家多掌握着主流游戏产品的专利与知识产权，在盈利模式上主要体现在游戏授权的知识付费上。从上述分析内容可以发现，欧美电子竞技产业发展始终以市场力量为指导。欧美作为主流网络游戏产品的研发地，从游戏到用户的市场化过程创造了电子竞技产业，通过大型赛事变现，并由周边企业深入挖掘相关的周边市场，拓展电子竞技产业的市场规模。

二、韩国电子竞技商业模式

韩国电子竞技产业最开始由政府主导，在产业发展到一定规模后，市场接力替代政府主导产业发展。经过二十余年的发展，韩国已成为全球电竞产业最为成熟的国家之一，并形成了完整的商业模式。在价值主张上，韩国呈现出"政府主导、市场接力、社会认可尊敬"的理念。在价值创造上，通过构建互相合作的生态经济模式，打造相互依赖的嵌入式产业链价值创造模式，并关注赛事这一关键业务，深挖产业价值。在价值获取上，主要以赛事为中心，并通过赛事广告获得电竞产业盈利。

（一）价值主张

在价值主张维度上，韩国与欧美地区有着显著的不同，在韩国真正参与比赛的主要是少数精英职业选手，而这些职业选手通过比赛奖金能够有效实现自身价值。而韩国营造的崇尚电子竞技的风气也使得广大民众将这项运动抬高到了国家级的体育项目级别，甚至与足球和围棋并列。正是因为民众的响应，韩国电子竞技产业极大地扩大了其参与群体，吸引了更多的非游戏玩家进入电子竞技群体，而成功的职业选手更成为明星，经济地位和社会地位都有很大的提高。

韩国电子竞技产业的发展在很大程度上归功于韩国政府的大力支持，提供了电子竞技产业发展所需的政策环境、资源环境、文化环境与社会环境。政府积极推动电子竞技产业发展，产业链中的政府、参与厂商主体、俱乐部、职业选手与业余爱好者均有充分的市场空间、职业发展潜力、社会认同感，使得韩国电子竞技产业链中的客户关系趋向于稳定共生、互利互惠、相互尊重的态势。

（二）价值创造

目前韩国电子竞技产业价值创造的渠道主要来源于赛事举办。韩国少数主要的电子竞技俱乐部带动了韩国电子竞技选手的职业化发展，也极大地推动了韩国电子竞技产业产值的提升，因为出色的职业选手能快速地聚焦人气，拉动粉丝经济、扩大电子竞技产业的爱好与从业人群。

总体来看，赛事经营，赛事视频版权转播，周边产品的研发、推广与销售，广告赞助，俱乐部运营，职业选手的识别、培育与包装是韩国电子竞技产业发展的主要业务。但韩国电子竞技未来发展的关键是如何搭建更为有效的平台与产业化模式，进一步提升韩国电子竞技产业规模。

韩国电竞产业构建了相互合作的生态经济模式，打造了相互依赖的嵌入式产业链价值创造模式。韩国电子竞技产业发展至今形成了自己独特的产业体系与运行模式，政府主导推进、市场化结构发展、职业选手引领、周边厂商提供资源的体系与模式，本质上强调的是一种相互合作的生态经济模式，在每一个环节均不可缺少每个主体的参与。因此，韩国电子竞技产业的本质是相互合作、依赖的嵌入式产业链模式。

（三）价值获取

韩国电竞产业以赛事为中心，延伸电竞产业盈利来源。韩国电子竞技在赛事组织和运营上更为注重比赛的宣传、选手个人的包装，本质上是一种注意力经济。多数赛事由电视台举办，电视台举办赛制公平合理又引人入胜的比赛，选手们全力发挥，反过来提高了电视台的收视率，实现双赢。赞助商从中看到巨大商机，进而投入更多资金，最终职业化被更多人群认可和接纳形成良性循环。韩国电子竞技产业的盈利模式主要分为两种：赛事转播版权的出让和赛事广告，注重赛事宣传和选手包装。不过这类商业模式需要有一定的电子竞技文化基础，才能依靠电子竞技视频等衍生品来壮大产业规模，而不是更多地依靠赞助商的赞助，这就使得韩国的电子竞技的价值获取非常依赖比赛的关注度，也更多地依靠电子竞技视频等衍生产品的销售。

韩国电子竞技产业商业模式的推动力量存在"二元交叉"的现象，在电子竞技产业发展初期由政府主导推动产业发展，待产业形成规模政府逐渐退出产业发展的主导地位，由市场接替政府角色，横向拓宽、纵向加深地推动韩国电子竞技产业的发展。通过大型赛事营造社会氛围，通过将电子竞技运动职业化加深国民对电子竞技的认同感。

三、中国电子竞技商业模式

中国电子竞技的商业模式具有政府管理服务与合作、企业创新创造与主导的独特特征。在价值主张上，中国电子竞技的价值主张经历了从单纯关注娱乐化向注重最终用户需求的观念变迁，这一变化实质上是中国电子竞技产业市场化演化的体现；在价值创造上，中国电子竞技形成了"引进+原创"的具有自我特色的核心资源模式，并通过"互联网+电子竞技"让中国电子竞技产业开始重新焕发活力，而政府的积极参与，使得电竞发展的政策环境越来越向好；在价值获取上，我国主要以"内容为王，深耕大型网络游戏与开拓小型手游游戏"的方向挖掘电竞产业市场，并以赛事为核心，经营周边产业，拓展价值链。

（一）价值主张

从早期的电子竞技概念引入中国，到电子竞技形成一定的经济规模，再到现在形成具有广阔前景、市场潜力巨大的新型产业，中国电子竞技的价值主张也随之不断演化。早期的电子竞技价值主张是娱乐化而非商业化，随着电子竞技产业链不断完善，电子竞技产业价值主张面向娱乐化与商业化并重，形成电子竞技产业主体收益最大化的价值主张模式，而非欧美韩面向参与者的价值主张模式。随着进一步发展，我国电子竞技产业的价值主张再次调整为面向最终用户的模式，提出流量变现是中国电子竞技产业实现商业价值的最终出路，而流量变现的最终落脚点体现在用户身上。因此，中国电子竞技产业价值主张观念的变迁实质上是中国电子竞技产业市场化演化的体现。

在中国电子竞技产业发展过程中，政府（以地方政府为主）、游戏厂商、赞助商、赛事举办方、周边产品厂商、职业选手、用户等是互为依赖的，彼此成为客户与合作伙伴。这是一种复杂的产业生态链模式，体现了中国电子竞技产业的参与主体是合作与共生的关系。

而在中国电子竞技产业的客户细分过程中，除了从最终用户层面可将电子竞技游戏用户划分为移动手游、大型网游用户，还可从用户类型出发将用户划分为电子竞技产品（游戏）用户、游戏主播、平台用户等，再细分也可将用户分为赛事举办用户、赛事转播用户、赛事赞助用户、周边产品开发用户等。

（二）价值创造

中国的电子竞技产业在原创产品方面同韩国一样，缺乏具有核心竞争优势的知名大型网络游戏。但是随着中国游戏产业的不断发展壮大，中国在游戏研发、产品产出、原创产品的使用上逐渐发力，通过引进、消化国际主流电子竞技游戏产品、自主研发推广原创产品结合的"引进+原创"的方式，形成了有自我特色的核心资源模式。

中国电子竞技产业的价值创造途径近年来主要依靠赛事举办、游戏发行等。近年来中国电子竞技赛事的商业模式也逐渐明晰，从早期简单的买方市场过渡到当前俱乐部、选手、赞助商、专业赛事等分工明确的市场体系。

从未来发展的趋势看，政府将成为中国电子竞技产业发展的重要参与者，游戏开发、运用、赛事组织与周边产品开发、游戏直播平台等各方面的发展都离不开同政府密切的合作。

（三）价值获取

近几年中国电子竞技架构不断调整，以市场化为目标进行产业孵化与培养，发挥了传统媒介渠道作用并不断创新传播渠道，打造"互联网+电子竞技"的模式，初步形成了良性的产业生态，正吸引着更优秀的选手和从业者加入电子竞技产业。

目前中国电子竞技产业的价值获取来源主要依靠以下渠道：赛事门票收入、广告与赛事视频直播转播版权收入、游戏发行收入、直播收入、赞助收入等。中国电子竞技在赛事理念上，一方面强调赛事的规模可以获取赛事门票收入、赛事赞助与赛事广告收入、赛事转播版权收入，另一方面强调赛事的引领与推动作用，促进整个产业的向前发展。中国电子竞技产业发展受到政府管控与引导、市场逐步推动的"一元半"力量影响电子竞技产业强调内容为王，以内容付费为主，获取产品主要收入，同时通过赛事、产业延伸市场（硬件、广告、直播等）拓展产业市场。

四、各国电子竞技商业模式对比

对欧美、韩国与中国的电子竞技产业商业模式的分析从价值主张、价值创造与价值获取（盈利模式）的三个维度进行。对比三个维度发现，欧美、韩国与中国在不同的维度区间具有差异化的比较优势，从而造成了三者电子竞技产业发展现状以及未来发展趋势与潜力的不同局面。

（一）价值主张对比

从价值创造维度看，欧美、韩国与中国具有鲜明的差异，欧美等国围绕电子竞技赛事参与选手提供产业服务，其主导理念是赛事参与者是游戏的真正使用者，并以此为中心，从赛事参与者向游戏爱好者辐射，深入挖掘电子竞技的产业价值；韩国围绕电子竞技的少数精英职业选手拉动产业增长，这与韩国的全民参与的环境密切相关，与娱乐产业类似，韩国的职业电子竞技选手具有强大的影响力与号召力，通过对少数电子竞技精英的关注，能极大推动产业的发展；而中国围绕电子竞技面向娱乐化与商业化并重提供产业服务，意味着中国电子竞技注重的是为最终用户提供价值服务。从上述的对比分析中可以看出，欧美注重为参与选手，韩国注重为少数精英职业选手，中国注重为广泛群体（普通电竞游戏的爱好者）提供价值。

（二）价值创造对比

从价值创造维度看，欧美、韩国与中国由于先天条件、后天政策环境的不同，因此各有特色。欧美拥有电子竞技产业上中下游全流程的产业链条，在上游具备强大的游戏开发能力与游戏知识产权；韩国通过电子竞技职业选手和俱乐部引领社会热潮，并发展多种形式的电竞赛事或电竞节目的直播模式；中国引进产品，紧跟主流，自主研发，形成"引进+原创"的核心资源模式，并大力推动"互联网+"电子竞技发展模式。而在电子竞技如何深入开发产业链方面，其做法大同小异：以电子竞技游戏为核心，通过赛事举办、周边市场延伸等拓展产业范围，将用户、赞助商、职业选手（参与者）、俱乐部、主办方等涵盖起来，形成互通互惠的产业模式。

（三）价值获取对比

从价值获取维度看，欧美在很大程度上依靠游戏授权与知识付费收入；韩国注重大型赛事与职业选手的带动，推动广告、赞助以及衍生产品市场的拓展，获取周边收益；而中国较为注重的是电子竞技游戏爱好者为游戏本身付费。从盈利模式的共性看，各国均是靠赛事举办、周边产品与赞助商赞助获取收入。

（四）商业模式内容的差异

世界主流电子竞技国家或地区的产业发展目前处于黄金时期，但是由于各国或地区的电子竞技产业先天条件差异较大、政策环境明显不同、市场化进程各有特点，因此将电子竞技发展的主流国家或地区进行综合对比，将能得到更为直观的异同，对中国电子竞技产业的发展具有很高的借鉴意义。

（五）商业模式类型的差异

在前文中我们分析了欧美、韩国与中国电子竞技产业商业模式类型的异同。欧美地区是以市场的力量推动电子竞技产业发展，政府作为旁观者的角色，在恰当的时机助推电子竞技产业发展，由此形成了"一元"推动力量类型的电子竞技产业商业模式。韩国的电子竞技产业商业模式的推动力量存在着"二元交叉"的现象，在产业起步发展阶段由政府主导，待产业形成规模后政府逐渐退出产业发展的主导地位，由市场主导。中国目前的电子竞技产业发展既受到政府的管控与引导，又逐步受市场化力量的推动，形成"一元半"推动力量的特殊现象，介于欧美"一元"与韩国"二元交叉"之间。但三种模式未来发展的共同趋势是以市场化的力量持续推动电子竞技产业的发展，同时深入挖掘电子竞技的产业价值。由于在市场规模上有着巨大的潜力，加之中国政府积极推动电子竞技产业的发展，这使得中国电子竞技产业发展有了独特的后发优势。

第三节　电子竞技的价值体现

一、电子竞技产业的多元价值

电子竞技产业作为文化产业的重要组成部分，不仅有助于提升国家的文化软实力，而且能够为国民经济带来新的增长点，其在传递体育精神、促进智能开发、推进道德教化、培养审美情趣，以及促进心理健康等诸多方面，不同程度地对社会产生影响。

（一）电子竞技产业的经济价值

PC设备软硬件技术的迅猛发展和网络的快速普及，带动了线上游戏的蓬勃发展，而数字技术和互联网技术的广泛运用，则进一步催生了电子竞技。随着电子竞技运动的逐渐普及、全球性电子竞技赛事平台的不断完善和产业商业模式的日渐成熟，电子竞技产业的市场规模在持续扩大。

电子竞技产业涉及信息技术运用的科技性、服务内容形式的多样性和运营模式渠道的整合性，这些使得电子竞技产业的产品与服务广泛地渗透并融合体育产业、信息产业、娱乐产业、文化产业等产业。这些产业与电子竞技产业间所激发的联动效应，使电子竞技产业的发展。除了能带来游戏产业价值的巨大增值外，还通过产业的延伸产生利润乘数效应，推动不同领域内多个利润增长极的形成，实现产业规模的扩大，达到经济效益的最大化。

此外，电子竞技产业的发展能够有效推动上游硬件电子厂商和下游竞技游戏衍生产品制造商的发展。由于电子竞技所涉及的游戏大多是大型的、结构复杂的、持续多人的在线游戏，因此，其对电脑等游戏电子产品的配置要求往往比一般用途的配置要求高，硬件厂商为了满足专业玩家的需求，加大对游戏领域的投入，不断细化产品定位，为电子竞技游戏研发设计专供产品，包括游戏CPU、游戏显卡、游戏显示器、游戏主板等。近年来，电子竞技产业的快速发展和庞大的用户基础极大地带动了硬件厂商的发展，仅专业玩家使用的显卡一年就有数亿元的市场。以电子竞技游戏、战队为主题的玩具、音乐、图书等不同形式的衍生产品，也随着电子竞技的大热，为传统制造商带来新的发展契机，推动产业的发展。

（二）电子竞技产业的社会价值

电子竞技是信息技术与竞技运动结合的产物，它不仅具有体育运动的特征与属性，而且对参与者在手眼的协调性、反应的灵敏性、思维的逻辑性、认知的全面性和社会交往的交互性等方面都提出了较高的要求。因此，发展电子竞技产业具有重要的社会价值，它能在有效传递体育精神的同时，体现出促进智能开发、拓宽知识获取渠道、推进道德教化、培养审美情趣以及促进心理健康等价值。

第一，电子竞技作为一种新型的体育运动，参与者需要重复机械练习与运用鼠标及键盘、反复锻炼与强化手眼的协调能力，体现了电子竞技运动对体能和运动技能的外部追求；参与者在竞技比赛中对于夺冠或胜利的孜孜追求，诠释了其拼搏与进取的精神，以及对"更高、更快、更强"的核心价值追求；竞技过程中参与者为获得更高积分或实现通关而对竞技游戏的重复性适应锻炼，则展现了重在参与、永不放弃、永不气馁、永不低头的体育精神内涵。此外，电子竞技冲破了传统体育在场地、运动员体能高低等方面的限制，很多残疾人可以不必顾虑身体因素，拥有与正常人同场竞技的机会和同等的获胜潜力，这种广泛的全民参与性和公平性，使得电子竞技在传递体育精神与体育功能上的价值甚至超过了传统体育项目。

第二，相较于传统的体育竞技项目，电子竞技的参与性、复杂性与交互性更强。在参与竞技游戏的过程中，玩家通过扮演冒险家、科学家、发明家、政治领袖、刺客、狙击手等不同角色，带着这些角色所承载的责任与使命，参与到不同的虚拟情景中，遇到问题、做出决策、分析结果，按照自己的节奏推进游戏。在这一过程中，不仅会涉及视觉空间、感知识别、直觉思维、自我认知及人际关系等方面的有效思维，还需要参与者借助语言认知、数理分析与逻辑推断，以及以往的策略战术与技术储备来进行判断、决策，并及时做出反应，参与者对全局的把握和细节的处理有时甚至会直接影响到比赛结果。从这个意义上说，电子竞技对参与者在注意力、观察力、记忆力、思维力、反应力、自制力等方面的能力进行挖掘与训练，进一步促进其智能开发，使之能够在面临复杂多变的现实情况时，更容易面对与适应，并进行有效的问题分析和做出及时的决策。加之，电子竞技运动作为人与人之间的对抗性体育运动，其较强的交互性使得电子竞技在推进个体发展的同时有助于群体教育。大多数的电子竞技项目都要求玩家组队参与，强调队员之间的通力合作，通过默契的配合、策略的使用来达成共同的目标与任务。这个长期磨合、群体战斗的过程，有助于参与者形成合群、协作、尊重、宽容等良好品质。

第三，电子竞技所涉及的操作与内容的广泛性和多样性，在一定程度上拓宽了参与者的知识获取渠道，有利于丰富参与者的知识体系。一方面，电子竞技运动是以信息技术为载体，由平台开展的特殊项目，其能够在选手收集赛事信息、参与竞技比赛及查找游戏攻略等行为过程中，潜移默化地对选手的电脑操作能力、信息收集与处理等信息技术能力进行培养和训练，而竞技所需不同软硬件设备的装配与应用也强化了竞技玩家在相关方面的认知与学习；另一方面，当前电子竞技游戏项目数量众多，种类丰富，游戏人物的设定、背景的设置等方面的内容，涉及历史、政治、经济、文化、社会等诸多方面，参与者在获得游戏临场感的同时，也无意识地强化了知识的学习。

第四，电子竞技的规范性、公平性及竞争性还能够为推进道德教育提供新的渠道。一方面，以特定比赛规则为导向的电子竞技能有效地将参与者在游戏中对规则的遵循延伸到对现实社会的遵循；另一方面，竞技比赛的公平性、竞争性及游戏中所体现的善恶分明的价值观有利于激发选手认知和信念上的道德感，在游戏过程中不断强化，并内化为道德意志与道德行为，进一步为现实生活提供指导。

第五，电子竞技游戏项目中精细的角色画风、质感的画面呈现、优美的场景设计、和谐的色彩调配、多维的视觉效果、极致的音效享受，以及精彩的游戏情节等，也有助于培养竞技玩家的审美情趣，提高其对美的鉴赏力和创造力，使其获得独特的审美体验。不仅如此，电子竞技玩家在参与竞技项目或观看电子竞技比赛过程中获得的角色代入感、场景临场感、竞技交互性及游戏的趣味性，不但有助于调节情绪、释放压力，使工作或生活中的不良情绪得到有效释放，而且还能增进个体或集体之间的沟通与交流，在一定程度上有助于降低抑郁症、焦虑症等心理疾病的发病率，促进心理健康。

二、电子竞技产业中的文化消费

文化消费是推动电子竞技产业发展的内在动力和关键因素，其总量的增减和需求的变化，关系到整个产业的生产规模、产业资源的供给及产业结构的调整。因此，研究电子竞技中的文化消费及其特征、类别，对于中国电子竞技的发展具有重要的意义。

（一）电子竞技产业中多元立体的文化消费

符号经济时代，随着消费者文化素养和审美品位的不断提高，以及对文化精神领域产品需求的日益增加，人们对商品的消费重心已经逐步实现从单纯的物质性消费向文化消费的转变，更加注重产品所传达的文化符号及意义对个人文化价值的契合与认同。文化消费是人们为满足自身精神文化需求，在对文化产品和文化服务的占有、欣赏和享用中吸收、积累、体验、再造、创新支出与消费动态过程的总称，它实际包含了两个相向并进的过程：

一是文化产品或服务的物质载体经生产、商品化、社会化，从而与消费者相结合的物质性与效用性过程；

二是文化产品与服务中所含文化价值对消费者精神文化需要的契合与满足过程（当然，这两个相向并进的过程在某些文化产品与服务消费过程中也会达到动态统一）。

从这个意义上说，文化消费不只是对文化产品的占有和文化服务的享受，更重要的是对产品及服务所蕴含的文化意义、文化价值的吸纳，以及其所象征的文化符号占有的过程。

当然，并非所有的文化消费都存在吸收、积累、体验、再造、创新等一系列过程，而是根据文化消费主客体的不同，呈现出不同的形态与层次。作为以游戏竞技为基础，赛事运营、视频媒介传播与运营等为延伸而形成的产业，电子竞技产业汇集了建筑、绘画、雕塑、音乐、舞蹈、电影、文学、戏曲等多种文化形态，并且主要是在参与者的互联网创作与互动操作中呈现出独特的文化表现形式，而满足其文化消费需求。总的来说，电子竞技中的文化消费既有被动型文化消费，也有主动参与型文化消费；既有消遣型、娱乐型、享受型等只涉及吸收、积累、体验过程的浅层次文化消费，也有社交型、发展型、智力型等进一步涉及文化再造与创新的高层次文化消费，它是竞技产品或服务的占有，也是精神文化需求被满足的动态统一的过程。

（二）交互、隐匿、自由的文化消费特点

电子竞技文化作为一种依托于互联网创作与互动发展起来的大众流行文化，无论是从游戏的生产者和竞技玩家的角度来看，还是从竞技比赛或视频的欣赏者的角度来看，各种精英或大众、高雅或粗俗、古典或现代、经典或庸俗等形式的文化元素在电子竞技文化中融汇，兼容并蓄、并行不悖，充分打破了原有传统文化雅俗之间的界限，并不断地模糊着传统艺术的分类与雅俗文化的界限，这使电子竞技衍生和发展成为一种独特的新媒介文化现象。

此外，基于虚拟现实技术的电子竞技运动具有角色扮演的自主性、竞技过程的交互性和虚拟时空的存在性等特点，使得电子竞技将虚拟世界与现实世界有机结合起来，其产品与服务的提供方式更加注重由供给方主导向供给方与需求方双向互动的转变。因而，具有多元融汇文化元素、多样文化表现形式和独特文本叙述风格的电子竞技，使得其文化产品与服务的文化消费形式趋于多元，呈现出以下几个特点。

1.交互性

现代网络技术的发展，打破了书籍、报刊、广播、电视等传统媒介对创作者和受众叙事方式的区分，媒介受众不再单纯是被动的接受者，而是更多地参与文本叙事的过程，成为某种意义上的文本"创作者"，形成一种交互叙事的超文本行为。这种独特的叙事方式在提供语义网络、多重信息体验的同时，也提供了对"主客两分"的质疑，以及对以作者为中心的传统审美的批判，这种交互叙事的方式在电子竞技中体现得尤为明显。竞技游戏设计者、赛事规则设定者、玩家等共同参与叙事行为，其中玩家对文本叙事的参与及其之间的互动会极大地影响叙事文本的走向。在电子竞技中，竞技游戏创作者及比赛规则设定者，通过设定竞技目标、团队组建模式、游戏规则、游戏角色及具体关卡等，为竞技提供整体叙事的大框架，玩家在参与竞技游戏叙事的过程中，对游戏难度及游戏路径的不同选择，都会指向不同的游戏故事链，并在其中遇到不同的游戏场景、游戏人物、装备、战事形势及情节发展等，这些都会带来不同的文化体验。同时，对于同一个

竞技游戏项目，玩家每一次参与叙事进程时所选择的团队角色定位的不同、游戏扮演角色的不同，也会使得游戏竞技过程呈现出不同。

电子竞技玩家对叙事进程的参与，体现了其文化消费的交互性。一方面，这种交互性体现在文化消费过程中获得的文化体验与竞技玩家之间的互动性，竞技玩家对竞技游戏所带来的消遣、娱乐、享受方面的游戏快感，以及对游戏场景的审美体验、对游戏角色遭际和游戏情节的临场感受等游戏体验，随着竞技玩家游戏角色、游戏路径等选择的不同，呈现出不同的文化消费内容和形式。而玩家在竞技游戏过程中所获得的文化体验的不同，也会影响玩家下一步对路径与方向的选择，进一步影响竞技游戏的叙事进程。另一方面，这种交互性体现在文化消费与文化生产的交互性上，电子竞技的互动叙事方式使得文化生产与文化消费之间的界限越来越模糊，玩家与竞技游戏中对角色、路径的选择与体验的过程，不仅是不同游戏场景下不同类型文化不断被消费的过程，同时也是当前游戏场景导向下一游戏场景及情节（未知的，因玩家的选择不同而不同）的文化空间再造过程，新的文化空间的不同直接导致竞技玩家所获得的文化消费体验的不同，而不同的文化消费体验将通过影响玩家选择的过程，导致不同文化空间的产生。

2.隐匿性

数字技术和互联网技术的发展为我们缔造了一个与现实世界具有同等时代性和完全等价性的虚拟空间，使现实世界中的人们在虚拟的网络空间中以符号生存。虚拟空间对人的行为、思想、动机等全方面改造能量极为强大，它以前所未有的方式打破了年龄、性别、学历、社会阶层、民族、地域、种群等各种现实世界原有身份的限制，为现实世界中个体在网络社群中身份的设定与塑造提供了极大的自由空间。现实中很多人由于受到制度约束或规范认同的约束，其潜在的内在价值无法实现，但在网络空间中"被抛弃在一边的首先是等级森严的社会结构及与之相关的恐惧、敬畏、虔诚和理解，即由社会等级制度的不平等，或人与人之间的其他形式的不平等（包括年龄）所带来的一切"，人们可以通过自由选择或颠覆自身刻板形象的昵称，或扮演梦想成为的角色，或展现不同的个性，或给自己设定不同的社会阶层等方式来创造多重自我。

网络空间的虚拟性，使以之为基础的电子竞技文化消费呈现出隐匿性特征。在电子竞技过程中，绝大多数玩家将现实生活中个人身份信息隐藏起来，取而代之的是其在竞技游戏中通过ID账号或昵称的选择、所扮演的角色及竞技过程的语言交流所构筑和描绘的形象。同处竞技模式下的不同玩家之间对于互相的身份信息、对方竞技游戏路径的选择、当下所处的故事场景和局势，以及情节发展都不可知（团队作战模式中团队成员之间除外）。对于观看竞技赛事视频直播的玩家来说，其观看视频的过程及在视频画面中输入弹幕的过程都具有相对独立性，尤其是在网络直播平台观看的玩家，其身份信息及文化消费的过程也不易为外人所知。

当然，电子竞技文化消费过程的隐匿程度也取决于玩家的个人意愿，如玩家愿意将其与其他竞技参与者或视频观看者的关系不仅局限于网络空间，而是进一步发展到现实生活中的互相认识与了解，那么他们之间这种具有虚拟与真实同在的关系，则会在不同程度上削弱其竞技文化消费的隐匿性。

3.自由性

作为新的大众传媒，互联网提供了前所未有的言论多样化舞台，以及信息自由流动的机会。在电子竞技中，玩家可以自由选择游戏的内容、所扮演的角色、关卡的难度、竞技的形式（个人或团队）、竞技的技巧与方法，可以自由选择与其他玩家交流内容的主题、形式、方式与方法，也可以自由表现个人喜好和独特个性。竞技玩家可以在虚拟的竞技游戏世界里，按自己的想法和意愿演绎自己的戏剧，讲述不一样的故事。

当然，电子竞技文化消费的自由性不仅包含竞技内容选择的自由性，还包括其选择参与竞技的时间、地点、场合的自由性。智慧城市的建设使数字信息技术更深层次地得以创新应用，特别是泛在网、物联网的建立，使得人们可以借助智能手机、平板电脑、MID①等各种移动终端设备，充分利用各种碎片化时间来满足自身工作、学习、社交以及娱乐等多方面的需要，使人们文化消费的过程不再受时间和空间的限制。无论是白天还是晚上，无论是在地铁站还是在街道上，无论是在工作还是在徒步旅行，人们都可以通过各种数字化终端充分连接到无处不在的网络，即时参与电子竞技活动（大多为手游竞技模式）中，随时随地获得完美的文化体验。

（三）内容和符号的双重文化消费取向

电子竞技作为大众文化的有效组成部分，是消费时代或准消费时代由消费意识形态筹划的、以电子传媒为介质的大批量生产的文化形态。由于竞技游戏的虚拟性，玩家在竞技游戏中所进行的文化消费更多的是符号的消费或象征性的消费，而这种文化符号或象征意义的消费，使得人们在消费的同时也向社会大众表达和传递了某种意义与信息，包括自己的地位、身份、认同等。总体来看，电子竞技文化消费主要包括对竞技游戏的消费，以及对竞技扮演角色的消费。

一是对竞技游戏的消费。玩家在参与竞技的过程中，通过对竞技游戏本身的消费来获得独特的审美体验和知识拓展。竞技游戏作为集文字、音乐、美术、设

---

① 移动互联网设备，即 Mobile Internet Device，一种新的"比智能电话大，比笔记本小"的互联网终端。

计、电影等元素为一体的综合艺术，其蕴含宏大的叙事场景、生动连贯的画面、曲折离奇的情节、惟妙惟肖的人物设计，再加上不同角色的独特配音、清晰的独白、逼真的场景混响、多样的背景音乐等音效的配合，构成了一幅完整的艺术作品，丰富和延伸了不同的艺术表现形式在视觉、听觉、触觉、情感感知等领域的综合体验，赋予玩家独特的审美情趣，并让玩家能够在诸多元素构筑的虚拟世界中充分感知与探索知识的奥秘。

二是对竞技角色的消费。在竞技游戏中，玩家通过扮演不同的角色、设定不同的任务目标来推进竞技活动的开展。玩家在通过操纵竞技角色获得不同体验和满足感的同时，也将自己的想法投射到另一个身体形式（扮演角色）中，在虚拟环境中表达玩家的喜怒哀乐。通过角色游戏的方式在虚拟世界中满足自我认同和自我实现的需求，也能使人性的多面性得到更充分的展示与延伸。

随着物质社会的不断发展和社会稳定的有效推进，对于大多数竞技玩家而言，马斯洛需求模型中生理与安全的需求得到充分保障，他们更渴望的是社交的需求、获得尊重的需求和自我实现的需求等高层次需求的满足。在现实社会中，这些需求的实现与个人的性格、生活习惯、经历、生活背景、宗教信仰、所属区域等现实因素密不可分。但在虚拟世界里，现实中的束缚被打破，玩家可以任意选择自己的角色与职业，并在游戏的进行过程中创造无限的可能性。这个角色作为玩家在虚拟世界的自我替代，承载着玩家在现实生活中无法满足的情感需求，玩家通过在游戏中操纵角色，充分融于游戏所塑造的社会系统，并在角色的自我塑造、拓展，以及彼此之间的互动中，不断挑战游戏规则、解构游戏设置，在角色经验、配置等升级和角色任务达成的过程中满足自我需求，达成自我认同。同时，玩家对竞技角色的消费也为其自身提供了展现人性多面性的舞台。在竞技过程中，玩家借由虚拟世界仅需以符号或图像代表自我的特质，根据扮演角色的特性来有意识地设定与强化不同语言表达方式和游戏策略风格的应用，试图以此来展示自己，并将自己的身份塑造作为控制其他玩家印象的策略。一般而言，玩家在操纵角色的过程中往往会呈现出与现实截然不同的自我与作为。现实中自卑情结重的人在虚拟世界里未必不会表现出自恋，现实生活中沉闷孤僻的人未必不会成为社交达人，玩家甚至会捏造一个不同性别的自我，并视此符号、图像为取得虚拟世界认同或从中取得胜利的策略。

三、电子竞技产业中的文化认同

文化认同是文化生产与文化消费所追求的真正价值，它通过文化比较、文化聚类、文化辨识和文化定位来实现。在电子竞技中，由于玩家对竞技游戏主体叙事的参与性，使得文化认同更多地表现为参与个体或群体自我维系的原初认同意义的构建方式，而使得电子竞技虚拟世界的文化认同相比现实世界呈现出其独特的多重特质。同时，基于现实世界具有较高凝聚力的文化认同（国家认同、民族认同），为电子竞技的发展提供了有效思路，这种思路更多的是源于优秀、丰富的中国传统文化。

（一）"我性"与"他性"文化之间的电子竞技

文化认同是特定个体或群体基于对某一文化系统倾向性共识与认可的文化归属意识，并形成价值观念、道德规范、宗教信仰、制度模式等规范，以此支配其行为的思维方式与价值取向。在人类社会发展过程中，不同文化之间的碰撞与交流总是伴随着文化认同的现象，它是"我性"文化以对"他性"文化的不断解释而作为自己存在的一种理由，是构筑人类精神与心理的安全、稳定的基础，也是人们社会属性和文化属性的表现形式。这些特定个体或群体可以根据利益和需要，选择或改变认同的文化系统，也可以同时存在多种或多重认同。在全球化进程中，不同国家文化之间的互动、交流、重新构建，不断丰富着各自的文化及其认同，维护着本民族和国家文化的特质与完整性。

电子竞技作为"人的延伸"的游戏，不同的竞技游戏背后都存在着游戏引擎的差异，而每一个游戏引擎都讲述着不同的故事，传递着不同的思维方式、审美情趣、价值观念、道德规范、制度模式、宗教信仰等更深层次的文化内容。玩家在竞技过程中看到的、感触到的，不仅只是个人思维的数字映射，还是文化的创造、文化的选择、文化的认同以及文化多样性的生动展示。一方面，竞技游戏的设计、比赛规则的制订、视频传播平台的构建等，都无不体现着竞技运营商所想要表达的价值观念与立场态度；另一方面，不同竞技个人或团队之间的角色认知、社交互动、作战方式等，也都体现着其所归属文化系统的特征，传递着其相应的价值符号。

一般而言，文化认同包含共性认同和差异认同两个方面。其中，共性认同强调的是主体皈依某种存在的作为民族生存方式的文化模式，是个人或群体对本民族生活方式、思维模式、价值观念等文化特质的认知与笃信；差异认同则强调对以"我性"文化作为参照物而存在的"他性"文化的认可。

在电子竞技中，运营商基于民族性、人缘交流性等因素的文化内容选择，使得不同竞技文化在内容、表现形式、文化结构上表现出差异性、独立性和多元性，在不同文化交往过程中必然会出现个体或群体对所有层面上不同文化碰撞进行整合而达到认同的动态过程，这个过程被称作"涵化"。在电子竞技中，不论是共性认同，还是差异认同，电子竞技中的文化认同都符合从物质涵化到形式涵化的认同轨迹。物质涵化强调的是对个体或群体心理意识产生边缘性影响，但对思维与感觉方式等"我性"文化价值内核无所触动，通常表现为个体以"我性"文化去重新解释新文化的内容；形式涵化则强调的是对思维和感觉方式产生影响，并导致感觉形式、理解形式及意识形式的转变和变形，即"他性"文化对"我性"文化部分的转变和转化，或更极端地表现为"他性"文化对个体或群体的"我性"文化的取代。一旦这种"他性"文化的内容和功能在所嵌入个体的脑海中得以内化，就容易形成一种文化的无意识状态，通过影响所嵌入个体的内隐价值观，来指导行动偏好和行为方式，并形成文化功能上的惯性，使之自动过滤和排斥与之不相符的行为方式和价值导向，从而直接指导并影响竞技玩家的实践活动。

（二）"民族""社群"与"个体"的作用方式

在基于网络技术的电子竞技中，由于脱域机制的发展、时间与空间的分离、个体身份之外的多重角色、反思性与抵抗性的网络联盟等，使得个人或群体的存在状态更为多元化，使得作为基于民族文化特质建构意义的文化认同过程更多地体现为"环绕一个跨时间和空间并自我维系的原初认同的"意义建构过程，并进一步使得电子竞技中文化认同的价值作用呈现不同内涵。

一是电子竞技中国家文化的群体强化认同方式不复存在。在传统媒介时代，受众群体作为叙事的被动接受者，可以在报纸、书籍、电视、广播等传统媒介频繁的信息轰炸中，不断强化对其所蕴含的国家文化价值的认同，并形成普遍认同文化价值共同体；但在电子竞技中，竞技玩家参与叙事，由于文化认同的建构都有赖于玩家自我观建构的方式，不同个体所表达和认同的文化内容与形式存在很大的差异，即使是对接收的相同文化的认同点、认同过程与认同程度也呈现出繁多的变化性，电子竞技中的个体文化认同整体呈现弥散性的特征。这种弥散性的特征使得电子竞技游戏项目中所传递的国家文化特质很难被竞技玩家提纯，也不易在群体中形成普遍认同的价值共同体。

二是电子竞技带来的民族或国家文化认同的冲突性。这种冲突主要体现在强势文化的压制与弱势文化的突起。电子竞技平台作为技术模拟和虚拟延伸多元化文化结构的有效方式，为不同国家文化提供了展示、交流、碰撞的平台与渠道。但电子竞技产业发展的技术依赖性，使得发达国家的强势文化可以经由其研发、设计的电子竞技游戏，渗透到相对不发达的国家和原有的封闭地区，并通过创造一种所谓的全球文化经验，将西方的文化价值观和意识形态强加给其他国家，以文化上的一致性来压制文化上的差异性，削弱单个民族国家的文化凝聚力。而竞技玩家参与叙事的自主性，也为弱势文化提供了一定的发展空间，如竞技游戏论坛中少数文化族群的言说、竞技玩家技术攻略等文本中的文化价值观的体现。此外，弱势文化的突起还在一定程度上表现对强势文化的抗拒性认同，特别是对于那些现实中"处于在支配逻辑下被贬抑或污名化位置或处境"的玩家，就可能出现与现有社会体制不同，甚至是相反的拒斥性认同，如抵制全球化、女权主义、民族主义及地域主义等，都是在电子竞技中，玩家可能以个体或群体名义传递的对现有制度的拒斥性认同。

三是电子竞技中个体文化认同的去中心化。尽管电子竞技中文化认同的归属感能够为玩家个体提供某种稳定的身份标识和心理暗示，但其自我认同的建构总是与作为参照物而存在的"他者"密不可分。竞技玩家身份的多元化，使得个体依附于其现实社会空间结构的社会文化身份"本我"，与电子竞技游戏社会结构中的角色扮演"他者"等两重或多重身份的文化认同过程，在现实与虚拟之间不断切换，使得真正现实中的"本我"在试图完成对自我理想状态认同的过程中容易被虚拟中存在的多重"他者"角色分解，而这种"本我"与"他者"角色的分裂过程，直接导致了竞技中的个体在文化认同过程中的去中心化及自我的异化。

（三）基于文化认同的电子竞技产业发展

随着消费者文化素养和审美品位的不断提高，以及对文化精神领域产品需求的日益增加，各种个性化、差异化和多样化的需求日益增多，消费者对于选择与消费文化产品的标准更为严苛，更加注重产品所传达的文化符号及意义对个人文化价值的契合与认同，并以此获得感性享受和愉悦体验。文化经济作为一种依赖于文化认同的经济形态，有其特定生成的环境。文化认同对于电子竞技产业的价值在于，尽管竞技运营商对于玩家在参与竞技过程中所选择认同的文化内容、表现形式及文化结构无法把控，但是，运营商选择社会认同度高的文化，作为竞技游戏中的创新性资源配置的方法，却能通过暗合消费者的内隐价值观，从而引发其文化认同和文化功能惯性，带来相应竞技项目在玩家群体中的高度认可和广泛的参与性。

民族文化是民族区域内社会成员的信念、忠诚和团结的产物，也是获得社会成员普遍文化认同的价值共同体，往往是嵌入电子竞技游戏项目文化的不二选择。对于当前我国的电子竞技游戏运营商来说，立足丰富的中国传统文化资源，深刻把握传统文化的深厚底蕴和历史根基，充分利用传统文化资源与人们普遍价值取向的内在契合性，不失为发展国内电子竞技产业的一条坦荡通途。

中国传统文化是中华民族在五千年的开拓创新和奋发进取中不断承袭和发展的智慧结晶，各民族强大的生命力和创造力赋予了其博大精深的文化内涵、独特多变的表现形态和丰富多维的内容式样。虽然不同民族、不同区域的传统文化看上去千差万别，但每一种文化形态和内容都有其形成的历史文化根基和赖以生存的文化传承群体，其所蕴含的价值理念、道德伦理、思维模式、审美情感、认知心理及文化价值取向等内容也具有共通性，并在漫长的历史变迁中逐渐融入我们的民族意识、民族品格和民族气质，深深扎根人们的心里，内化为民众的普遍价值取向，直接影响人们的行为。

因此，电子竞技运营商可以依据丰富的中国传统文化资源，在强化资源内涵特征的基础上，通过对传统文化的创新提炼和合理演绎，充分利用人们对相应传统文化的内在价值认同与偏好来强化消费者的选择性注意，并使之转化为直接的文化消费购买力，这样不仅能够充分降低企业的投资风险，而且能够有效缩短产品的市场化和商业化进程，有利于推动竞技产业的发展。

由上可知，电子竞技产业的社会意义与文化价值不仅体现在游戏玩家对竞技游戏及赛事的选择与参与上，也体现在电子竞技领域中所形成的文化价值观对社会文化的多元认同上。

一方面，电子竞技产业的经济性、文化性、竞技性，通过玩家对竞技游戏及赛事的选择与参与，对软实力提升、国家经济发展、社会文化传播及公民精神塑造等产生影响，深入参与推动国家社会的发展中来；

另一方面，电子竞技领域中所形成的文化价值观，也在玩家的文化消费与文化认同过程中呈现出独特的文化表现形态和文化认同机制，成为社会多元文化的有力构成。在这一过程中，作为文化生产和文化生活领域内一切判断的"道德直觉"的文化伦理也是我们要关注的领域。

在电子竞技及其玩家所构建的竞技虚拟生态中，电子竞技的交互性、隐匿性及自由性使得建立于现实社会基础之上的传统道德观念受到了严峻的挑战和极大冲击，而电子竞技中的文化伦理已经从虚拟世界经由玩家逐渐延伸至现实世界，并逐渐发展成为一种新的文化现象，对玩家的生存方式进行着深层次的哲学反思。

第四节　电子竞技的本质与定义

电子竞技作为信息时代浪潮下兴起的一种竞技方式，具有受众群体广泛、竞技方式多样、涉及领域繁多等特征。电子竞技发展的短短几十年间，从简单的游戏对打到具有组织规模的联赛再到辐射多领域的朝阳产业，经历与承载，徘徊与发展，至今已产生了较大的社会价值和研究价值。与电子竞技相关的教育教学过程和产教融合的探索，是从教学研究角度对电子竞技内容的一种解构式分析，也是从市场需求角度对岗位缺口的一种应对式策略。

在计算机软硬件普及的今天，电子游戏对人们来说已不算陌生，但基于电子游戏产生的电子竞技还是一个较为新鲜的概念，认知新生事物的过程自然会产生多种不同的看法。有人认为电子竞技仅仅是一种娱乐消遣，也有人认为电子竞技应该是热血拼搏的体育竞技运动，还有人认为电子竞技是多种文化价值迁移的综合体。那么，电子竞技究竟是什么？它又具备哪些本质属性？

一、关于电子竞技本质的几种主要看法

电子竞技是一种全新的竞技形式，它的出现是人类竞技史上的一座里程碑，人类竞技领域的版图自此从有限的现实世界延伸至无限的虚拟世界。电子竞技伴随着电子信息技术的成熟和普及开始贴近人们的生活。实现电子竞技需要有电子游戏作为载体，在"电子竞技"这个概念被提出后的几十年里，人们对于通过电子游戏进行竞技对抗的认知经历了多个阶段。

（一）竞争与竞技精神

电子竞技作为一种新兴的竞技形式，其竞争性质与传统体育竞技有着很多相似之处。在电子竞技中，选手们通过电子游戏进行对抗，争夺胜利。与传统体育竞技一样，电子竞技也需要选手们具备一定的竞技精神。

首先，电子竞技的竞争性质体现在选手们对胜利的追求上。无论是在个人比赛还是团队比赛中，选手们都会全力以赴，尽力争取胜利。他们会通过不断的训练和提高自己的技术水平，以期在比赛中取得好成绩。这种对胜利的追求，体现了电子竞技的竞争性质。

其次，电子竞技也需要选手们具备团队合作的精神。在团队比赛中，选手们需要相互配合，共同制定战术和策略，以达到最佳的比赛效果。这就要求选手们具备团队合作的能力，能够与队友们密切配合，共同努力争取胜利。这种团队合作的精神，也是电子竞技竞争的重要组成部分。

此外，电子竞技还需要选手们具备坚持不懈的精神。在比赛中，选手们可能会遇到各种困难和挑战，但他们不能轻易放弃，而是要坚持下去，寻找解决问题的方法。只有具备坚持不懈的精神，才能在激烈的竞争中脱颖而出，取得好成绩。

总之，电子竞技的竞争性质与传统体育竞技有着很多相似之处。选手们需要具备对胜利的追求、团队合作的精神和坚持不懈的精神，才能在电子竞技的竞争中取得好成绩。这些竞技精神的培养，不仅对于选手们个人的成长有着重要意义，也有助于电子竞技行业的发展和推广。

（二）技巧与策略

在电子竞技中，技巧和策略是取得胜利的关键。无论是个人技巧还是团队策略，都可以帮助玩家在比赛中取得优势。以下是一些常见的电子竞技技巧和策略。

首先，个人技巧是玩家在游戏中展现自己能力的重要方面。这包括精准的操作、快速的反应和良好的游戏意识。玩家可以通过不断练习来提高自己的技巧，

比如进行反应训练、操作练习和游戏分析。此外，了解游戏的机制和角色技能也是提高个人技巧的关键。

其次，团队策略是在团队比赛中取得胜利的关键。团队成员之间的配合和沟通非常重要。玩家可以通过制定战术和策略来提高团队的整体实力。比如，在团队游戏中，玩家可以分工合作，每个人承担不同的角色和责任。同时，团队成员之间的沟通也是非常重要的，可以通过语音聊天或者游戏内的指令系统进行交流。

此外，了解对手的策略也是取得胜利的关键。玩家可以通过观察对手的行为和分析对手的战术来制定自己的策略。比如，在对战游戏中，玩家可以观察对手的操作习惯和战术选择，然后针对性地制定自己的反击计划。

最后，持续学习和改进是提高电子竞技技巧和策略的关键。电子竞技是一个不断发展和变化的领域，玩家需要不断学习新的技巧和策略来适应游戏的变化。可以通过观看比赛直播、阅读游戏攻略和参加训练营等方式来学习和改进自己的技巧和策略。

总之，电子竞技技巧和策略是取得胜利的关键。通过不断练习和学习，玩家可以提高自己的个人技巧和团队策略，从而在比赛中取得优势。同时，了解对手的策略和持续改进也是取得胜利的重要因素。

（三）团队合作与协调能力

电子竞技团队合作与协调能力是一个团队在比赛中取得成功的关键因素。在电子竞技中，团队成员需要紧密合作，相互配合，以达到最佳的游戏表现和战术执行。以下是一些提高电子竞技团队合作与协调能力的方法：

1.清晰的沟通

团队成员之间需要进行清晰、准确的沟通。这包括在游戏中及时传递信息，如敌人的位置、战术计划等，以及在比赛前和比赛后进行团队讨论和反馈。团队成员应该学会有效地表达自己的想法和意见，并且尊重他人的意见。

2.分工合作

团队成员应该根据自己的特长和角色来分工合作。每个人都应该清楚自己在团队中的角色和责任，并且尽力发挥自己的优势。团队成员之间应该相互支持和配合，共同完成团队目标。

3.团队训练

团队成员应该定期进行团队训练，以提高彼此之间的默契和配合能力。这包括进行团队游戏练习、战术训练和团队战术分析等。通过不断的训练，团队成员可以更好地理解彼此的游戏风格和习惯，并且能够更好地协调行动。

4.团队建设

团队成员之间应该建立良好的人际关系和团队文化。这包括相互尊重、互相支持和鼓励，以及共同制定团队目标和价值观。团队成员应该学会处理冲突和解决问题，以确保团队的和谐和稳定。

5.战术规划

团队成员应该共同制定战术计划，并且在比赛中密切配合执行。这包括制定攻击和防守策略、分配资源和角色、制定战术调整等。团队成员应该学会根据比赛情况和对手的表现进行战术调整，并且能够迅速适应变化。

通过以上的方法，团队成员可以提高电子竞技团队合作与协调能力，从而在比赛中取得更好的成绩。团队成员应该不断学习和改进自己的团队合作能力，以适应不断变化的电子竞技环境。

（四）心理素质与压力管理

电子竞技作为一项高度竞争的运动，对选手的心理素质和压力管理能力提出了极高的要求。在电子竞技比赛中，选手需要面对来自对手、观众和自身的压力，而良好的心理素质和有效的压力管理能力是他们取得成功的关键。

首先，良好的心理素质对于电子竞技选手来说至关重要。心理素质包括自信心、耐心、集中力和应变能力等。自信心是选手在比赛中保持积极心态和信心的能力，能够帮助他们在困难和压力面前保持冷静和坚定。耐心是指选手在比赛中保持冷静和耐心的能力，能够帮助他们在面对困难和挫折时不轻易放弃。集中力是指选手在比赛中保持专注和集中注意力的能力，能够帮助他们更好地把握比赛节奏和对手的动向。应变能力是指选手在比赛中适应和应对各种突发情况的能力，能够帮助他们在面对意外情况时迅速做出反应。

其次，有效的压力管理能力对于电子竞技选手来说也非常重要。在比赛中，选手会面临来自对手、观众和自身的压力。对手的竞争压力来自对手的实力和比赛结果的不确定性，选手需要学会应对对手的挑战和压力，保持冷静和自信。观众的压力来自观众的期望和评价，选手需要学会不受外界干扰，保持专注和自我调节。自身的压力来自对自己的要求和期望，选手需要学会合理设置目标和管理自己的情绪，避免过度压力对比赛表现的影响。

为了提高心理素质和压力管理能力，电子竞技选手可以通过以下方式进行训练和提升。首先，他们可以通过心理辅导和咨询来了解自己的心理状况和问题，并学习一些应对压力和情绪管理的技巧。其次，他们可以通过参加心理训练课程和活动来提高自己的心理素质和应对能力。此外，他们还可以通过与其他选手的交流和分享经验来互相学习和支持，共同成长和进步。

总之，电子竞技选手的心理素质和压力管理能力对于他们在比赛中的表现和成绩起着至关重要的作用。通过培养良好的心理素质和有效的压力管理能力，选手可以更好地应对比赛中的各种挑战和压力，提高自己的竞技水平和取得更好的成绩。

二、电子竞技定义的探讨

国家体育总局发布的观点认为，电子竞技是利用高科技软硬件设备作为运动器械，在同一竞赛规则下进行的人与人之间的对抗性活动。通过电子竞技运动，参赛者可以锻炼和提高反应能力、思维能力、协调能力、毅力、团队精神和对现代信息社会的适应能力，从而促进全面发展。

从目前的电子竞技业界实践和部分理论观点来看，我们可以把电子竞技解读为广义的电子竞技和狭义的电子竞技。广义的电子竞技概念宽泛，主要包括三个基本元素：一是电子，其含义是通过信息化技术制成的电子游戏；二是竞技运动，它包括虚拟和虚构两类运动项目；三是人与人之间的竞赛，是运用电子信息技术所营造的虚拟平台，按照统一的竞技规则进行的体育竞技活动。由此得出，就概念的广义性而言，电子竞技是计算机技术和竞技运动结合的产物，具备多样性，可以模拟传统体育项目，将其数字信息化，也可以创造全新的竞技方式。这些都需要通过信息技术实现，但最终还是落地于人与人之间的对抗。而狭义的电子竞技则特指人和人之间进行的竞技类电子游戏对抗。[①]

---

① 夏清华.电子竞技商业模式［M］.武汉：武汉大学出版社，2019：33—34.

第二章 电子竞技运动的构成要素与功能

第一节 电子竞技的构成要素

一、主体要素

（一）电子竞技可判定胜负的游戏结果

可判定胜负是竞技场上最根本的原则，同样也适用于电子竞技游戏。电子竞技游戏，要先有竞技，然后才是电子游戏。竞技，就是比拼技艺并获得结果，自然会有胜负高低的评判，而游戏则可以只考虑开心与否。就电子竞技游戏而言，游戏最后的胜负判定可以看作电子竞技游戏价值存在的核心。不同的电子竞技游戏有不同的判定方式，下面将介绍几种常见的判定方式。

（1）游戏目标达成：有些电子竞技游戏设定了明确的游戏目标，比如在《英雄联盟》中摧毁对方的主基地，或者在《守望先锋》中占领地图上的控制点。当一方成功达成游戏目标时，即可判定为胜利。

（2）生命值或血量耗尽：在一些射击类或格斗类电子竞技游戏中，每个玩家或角色都有一定的生命值或血量。当某个玩家或角色的生命值耗尽时，即可判定为失败。比如在《绝地求生》中，当玩家的生命值归零时，即为被击败。

（3）时间限制：有些电子竞技游戏设定了一定的时间限制，比如《王者荣耀》中的比赛时间为15分钟。在时间结束后，根据双方的得分或游戏进展来判定胜负。比如在《FIFA》系列足球游戏中，比赛时间结束后，根据双方的进球数来判定胜负。

（4）获得最高得分：在一些竞技类游戏中，胜负可以通过比较双方的得分来判定。比如在《星际争霸》中，双方通过建设基地、采集资源、发展科技和战斗等方式来获取得分，最终得分高的一方获胜。

电子竞技游戏的胜负判定方式多种多样，根据不同的游戏规则和比赛规则来确定。这些判定方式旨在保证比赛的公平性和竞技性，使得比赛结果更加客观和公正。

（二）可重复训练的电子竞技内容

竞技类电子游戏的核心价值在于"竞技"。其游戏构成中的可竞技性对游戏本身而言是至关重要的。可重复训练的电子竞技内容是指那些可以反复进行训练和提高的电子竞技项目。在电子竞技领域，有许多游戏和技能可以通过不断的练习和训练来提高。以下是一些常见的可重复训练的电子竞技内容：

（1）游戏技巧训练：电子竞技游戏中，玩家需要掌握各种游戏技巧，如射击、移动、躲避等。这些技巧可以通过不断的练习和训练来提高。玩家可以通过反复进行游戏来熟悉游戏操作和技巧，并逐渐提高自己的游戏水平。

（2）团队配合训练：在一些团队竞技游戏中，玩家需要与队友进行配合才能取得胜利。团队配合训练可以包括团队战术的制定、队员之间的默契配合等。通过反复进行团队配合训练，玩家可以提高团队合作能力和战术意识。

（3）反应速度训练：在一些快节奏的电子竞技游戏中，玩家需要具备快速反应的能力。反应速度训练可以通过进行各种反应速度测试和训练来提高。玩家可以通过不断的练习来提高自己的反应速度，从而在游戏中更加敏捷地做出反应。

（4）策略思考训练：在一些策略类的电子竞技游戏中，玩家需要具备良好的策略思考能力。策略思考训练可以包括分析游戏局势、制定战术计划等。玩家可以通过反复进行策略思考训练来提高自己的思考能力和决策能力。

可重复训练的电子竞技内容是指那些可以通过不断的练习和训练来提高的电子竞技项目。通过反复进行训练，玩家可以提高自己的游戏技巧、团队配合能力、反应速度和策略思考能力，从而在电子竞技比赛中取得更好的成绩。

最后，对于一些本身就需要高难度技巧的英雄、道具、技能组合使用，游戏参与者自发的自我挑战也是广为存在的。

（三）机制丰富的游戏性

竞技类电子游戏发展至今，在竞技模式、操作方法、规则机制上都趋于完善，游戏性中涉及的机制也是逐步增多的，目前主要包括空间、时间、单位、概率、规则、难度等。

1.空间机制

每一个电子竞技游戏都建立于某种空间场景之中，它定义了游戏存在的各种可能和范围，以及在空间场景内的其他机制如何进行关联。从数学结构角度上看，游戏空间场景有三个成立的必要条件：

第一，空间场景是分离或是连接的；

第二，空间场景是具有一定数量的维度；

第三，具有连接或是不连接的有界区域。

2.时间机制

现实世界中的时间是不以人的意志为转移的，但是在电子竞技的游戏中，时间是可控的。

空间场景的分离或是连接，这种情况在游戏的"时间"上也适用，电子竞技中存在的回合制游戏就是典型。在回合制游戏里，每一个回合都是一个分离的时间单位，最终的游戏结果并不在意你每一个分离时间单位中的时间消耗。

除了回合制游戏模式外，还有很多游戏是在即时时间下进行的，如即时战略类和多人在线对抗类。

值得一提的是，当游戏或是比赛出现情况的时候，玩家或是参赛选手可以使用游戏中的"暂停"功能使得游戏时间完全停止，这也是游戏中时间可控性的一种体现。

3.单位机制

在电子游戏中，游戏单位是固定或可变化的，但是都不会超出游戏的空间范畴。英雄、兵种、建筑、中立生物等都属于游戏单位。

单位管理和操作在电子竞技游戏中具有技艺和趣味性的双重意义：其一是促进管理性思考，使得游戏参与者必须运用谋略和部署进行游戏才能赢得胜利；其二是将参与者置于较高的掌控全盘的位置，让游戏体验中更具有权利在握和掌控大局的乐趣。

4.行为机制

行为机制，就是游戏参与者能在游戏中做什么，一个电子竞技游戏的竞技性高低很大程度上取决于游戏内的行为机制。在有的电子竞技游戏中，还会存在一些例如"英雄"的"高级"单位，他们不光可以执行基本行为，还可以进行一些释放技能或触发额外剧情的复合行为。

5.概率机制

这些概率的发生会涉及竞技规则、时间、空间、参与者、比赛过程等，并相互作用。概率意味着不确定性。从概率学角度来说，没有确切发生的事情都存在一定的概率。媒体之所以如此预测，是基于博尔特近期比赛的良好发挥和其稳定的竞技状态，同时观察到同期并未存在有力的竞争者而得出的。

概率在游戏性中也是不可或缺的一部分，概率的存在就表示着随机性事件发生的可能。在电子竞技游戏中，存在合理适当的随机性事件是非常有必要的，也不会对游戏本身的竞技性产生绝对影响。

6.规则机制

电子竞技游戏的规则定义了游戏空间、时间、单位、行为以及游戏目的，毫无疑问是一项基础机制。规则机制包括游戏操作规则、游戏基础规则、游戏行为规则、游戏赛事规则、官方制定规则和建议性规则等。

游戏性中除了这些机制以外，还需要摄入一些其他元素，例如沉浸元素、群聚元素、益智元素等。这些机制和元素从多元角度完善和丰富游戏性，才使得一款电子竞技游戏具备极强的可玩性。

7.难度机制

难度可以理解为简单与复杂的关系。电子竞技游戏是复杂好还是简单好？这看起来是一个矛盾问题。在简单和复杂中取得一个合适的平衡点是非常困难而又必须做到的。

复杂，可以分为固有（主要体现在竞技规则上）和变数（主要体现在进行方式上）两种。这和传统体育竞技项目是一致的。例如，马术的固有复杂性高，而足球的变数复杂性高。围棋运动则是一种固有性和变数性反差很大的传统竞技运动，其规则非常简单，但是在游戏进行的过程中会产生成千上万种变化。电子竞技游戏也是如此。

通过复杂的固有性和变数性，我们再回到"电子竞技游戏是复杂好还是简单好"这个问题上来。在这一环节我们以大量的即时战略类游戏来作为案例进行分析。

首先，来看游戏本身固有的复杂性，这个复杂性一般体现在游戏规则、可控制单位、可购买物品、可施放技能数量多和地图结构组成复杂上。如果一个游戏在体验之前要钻研大量的游戏规则，那么进入游戏的体验者数量就首先会被"腰斩"。控制单位、可购买物品、可施放技能数量多，再加上地图结构组成复杂，更会把很多人拒之门外。它们虽然有着细腻的画面、宏伟的故事背景、强大的竞技挑战等诸多要素，但仍然由于其固有复杂性，使得进入高水平（对很多参与者来说甚至是熟悉游戏）的门槛让人望洋兴叹。

8.平衡机制

平衡机制是竞技的特质。如果一款电子游戏没有平衡机制的支持，竞技也就无从谈起。平衡是物质存在和发展的一种基本法则，在马克思主义原理中，平衡是符合对立统一规律、质量互变规律、否定之否定规律的唯物主义辩证法；在博弈论中，平衡就是博弈、纳什均衡理论；在《易经》中，平衡可以体现为阴阳和合。在人类社会不同的时代，人们以不同的视角来看待平衡，在认识理解上可能会存在一些差异，但是平衡机制的本质并不会产生改变。

我们在日常生活和与人交往中，可以运用平衡机制来做到和谐相处、均衡发展、合作共赢等。例如，不小心伤害了别人，就要道歉和赔偿；人类在开采大自然的资源时，要注重保护大自然实现可持续发展；合作中根据各方出资出力的比例来分配报酬；等等。平衡机制在人类探索世界和人们日常生活中无处不在，而在电子竞技游戏中，更是随处可见的。

竞技类电子游戏作为电子游戏的一种类型，相比其他类型的游戏，会更注重平衡机制，可以说，有了平衡机制，才有电子竞技游戏。电子竞技游戏为什么会不断更新？游戏中的平衡机制又是如何设计和发挥作用？下面我们继续探索竞技类电子游戏中的平衡艺术。

一款游戏的平衡机制会以多种形式出现，因为机制是由一个个元素所构成，且这些元素相互影响又相互独立。常被使用的平衡元素包括公平、选择、挑战、技巧、概率、难度等。

多数的竞技类电子游戏在广告宣传语上都标榜这是一款"公平"的游戏，公平也是许多玩家对游戏本身品质的一种诉求。在电子竞技游戏中，公平最直观的体现就是赋予所有玩家等量资源（例如初始金钱、初始可控单位、初始经验值、初始物品等）和可塑能力值（例如成长经验值、购买物品所花费金钱数额、技能造成的伤害、各种状态抗性等）。在公平元素的影响下，游戏参与者们除了把自己的技艺和策略带入，其他方面都是平等的。

电子游戏的竞技内容虽然不同，但都会保持游戏内的相对公平，游戏内容差异化在使得电子竞技游戏更具个性、趣味性、探索性的同时，并没有放弃对公平的把握。例如在多人在线战术竞技游戏对抗中，每一个英雄都不一样（包括能力技能、成长属性、配合方式等），但是一个竞技队伍由五个参与者组成，那么就存在 5×5 种组合，再加上游戏中的道具和参与者使用的打法和策略，就会延伸出无限可能，这些可能性就交织成了一种全新的公平。

平衡机制体现在竞技类游戏中的方方面面，当一款电子竞技游戏的可控因素变得数目庞大的时候，绝对的平衡就显得不那么重要了，一般来说，有准确而清晰的目标、给予游戏参与者及时的信息反馈、游戏整体做到一种相对平衡这三点基本上是现在电子竞技游戏在设计上的主流思想。即时战略类和多人在线战术竞技类游戏的风靡，就是因为它们对游戏性平衡机制的把握更加到位。

传统的游戏吸引玩家的方式有很多，比如副本的新鲜感、长时间的收集系统、奖励机制，甚至是在网络游戏中的货币充值、玩家"虐杀"普通玩家的快感等。这样的传统游戏有一个弊病，就是游戏需要不断地更新内容，等级要不断攀升，然后就是新玩家越来越难以加入。当新玩家无法加入、老玩家开始流失的时候，游戏的生命就走到了尽头。

电子竞技游戏的平衡性就像是一杆天平，让所有的游戏参与者可以处于一个公平的竞技环境里进行对抗。平衡机制的魅力可以为电子竞技游戏吸纳更多的受众，使得电子竞技运动能够持续有新鲜血液注入，从而保持活力。

（四）存在观赏性

电子游戏的观赏性主要体现在游戏比赛与观众的互动上，电子竞技赛事是提高该项目游戏知名度、提升用户游戏体验的一条重要途径，而赛事的吸引力大小则取决于游戏的观赏性。观赏性是电子竞技游戏区别于传统休闲、网络游戏的核心体验差异所在。

"面向观众"也是许多电子竞技游戏在开发过程中注重且遵循的原则只有牢牢把握这项原则，游戏开发商才能在游戏推广上无往不利。

在传统休闲、单机或是网络游戏的领域，体验内容来自专业策划、美术、程序员的创造性工作，这些内容不断供应给玩家进行消耗。而竞技游戏的核心游戏体验则来自一定规则下对战双方在头脑与反应上的博弈，而制作人员的工作更多是在创造与调整竞技规则，比如一开始的设定地图大小与进攻防守路线，以及后期不断的英雄重做、调整各项数值以刷新对战体验等。这种游戏内容体验模式的不同，使得电子竞技游戏具备了传统体育竞技的观赏属性。大量玩家不仅仅是在玩游戏，也会深度地去看游戏，而且随着游戏生命周期的递增，他们花费在观看游戏上的时间也越来越多，这使得成熟的电竞游戏越来越像传统的体育项目。

好的观赏性会带来观众持续增长的红利，观众规模的上升又会带来更多商业变现的空间，形成供需关系的良性循环。无论是年龄偏大、女性、竞技水平不高的边缘用户，还是活跃度高的核心用户群，都存在潜在的赛事内容消费需求。电子竞技游戏的体育、游戏二重属性，决定了建筑在消费者需求之上的变现途径的多样性，总的来看可以分为通过延长游戏本身生命周期产生的间接收益，以及在赛事内容上衍生的直接变现收益。巨大的观众市场带来广阔的营收想象空间，利润的魔力又会驱使电竞从业者不断优化赛事体验，最终形成观赏性—观众群体—利润回报—更好的观赏性的良性循环。

影响电子竞技观赏性的四个因素分别是游戏本身、参赛选手（队伍）的竞技水平、解说主播的专业水准、观众观赛的氛围。电子竞技的电子游戏属性和体育竞技属性使得它的观赏性非常特殊，最大的不同在于游戏本身的设计水平（玩法规则、对抗机制、观赛模式）直接影响观赛体验。游戏设计的规则越完善、漏洞越少，越能刺激对战双方发挥竞技实力，反之则完全无法进行有意义的竞技对抗（极端例子如石头剪刀布）。而传统体育的赛事规则基本稳定不变，更多是在其他方面进行纵深优化。如果说游戏本身是电子竞技游戏观赏性的基础，那么参赛选手（队伍）的竞技水平、解说主播的专业水准、观众观赛的氛围则决定了竞技观赏性所能达到的上限。和游戏本身设计不同，参赛选手（队伍）的竞技水平（和选手自身天赋、训练团队配合默契度相关）、解说主播（受观众喜好、经纪体系是否成熟和各种赛事磨炼程度的影响）、观众观赛的氛围（场馆设施、灯光音效等）等依赖游戏外的各环节投入。这些资本和人才的建设投入是后发性的，需要游戏本身首先证明其对用户群体的吸引力，具备观赏性的基础，后续的投入才存在规模变现的可能性。

在电子竞技运动迎来黄金时代的今天，我们要意识到电子竞技不应该仅仅依附于游戏本身，不应该仅起到流量入口或者延长产品生命周期的作用。只有当其作为一个新兴的独立市场，采取崭新的商业模式，以提供最极致的赛事体验为目标来满足初成规模的观众需求时，才会拥有更加光明的未来。

（五）可持续研发

每款电子游戏的生命周期都是有限的，在玩家们适应了整个游戏的过程和所有细节后，游戏本身的吸引力就会开始下滑。但是重新创作一个全新的游戏对于游戏研发公司来说不仅仅要面临创意蓝图问题，还需要考虑巨额的研发经费。电子游戏可持续研发的重要性不言而喻。

多数电子游戏在发布后，经过所有参与者成千上万次的游戏体验，基于各种原因（例如超水平玩家的发挥表演、在对抗中偶然的某种发现、反复对某种英雄或兵种的使用等），参与者在游戏中发现越来越多的最优选择时，游戏内的另一些元素就会被边缘化，这是一种不利于游戏生命延续的信号。所以我们会发现，一些高品质的电子竞技游戏在进行某些世界级大赛之前，会对游戏版本进行一系列的更新，这些更新的内容均是由之前游戏参与者的游戏体验反馈得出的。

二、其他要素

其他要素包括主观因素（电子游戏的竞技动机、电子游戏受众的主观预期、电子游戏研发人员对游戏的理解和视角等）和客观因素（社会发展、法律政策、硬件设施等）。其他要素在一般情况下并不直接干预和影响游戏玩家的游戏体验，但是电子游戏从研发到走向市场发行或成为一个体育竞技项目，这些要素都是需要被考虑的。

（一）主观因素

电子游戏在研发的过程中会受到许多因素的影响，其中有三个影响较大的主观因素，分别是电子游戏的竞技动机、电子游戏受众的主观预期和电子游戏研发人员对游戏的理解和视角。

1.电子游戏的竞技动机

（1）更高、更快、更强的原始需求

游戏本身并非为娱乐而生，而是一个严肃的人类自发活动，怀有生存技能培训和智力培养的目标。而竞技是人类文明进步的一种重要途径，奥林匹克运动"更快、更高、更强"的内涵充分表达了人类不断进取、永不满足的奋斗精神和不畏艰险、敢攀高峰的拼搏精神。在比赛场上，面对强手，发扬勇往直前的大无畏精神，敢于斗争，敢于胜利。对自己永不满足，不断战胜自己、超越自己，实现新的目标，达到新的境界。对自然要敢于征服，克服大自然给人类带来的各种各样的限制，挣脱自然对我们的束缚而取得更大的自由。

（2）社交认同和荣誉感的追求

另一个电子游戏的竞技动机是社交认同和荣誉感的追求。在电子游戏中，玩家可以与其他玩家进行交流和互动，建立起虚拟的社交网络。他们可以通过游戏中的竞技活动，展示自己的实力和才华，赢得其他玩家的认可和尊重。

在一些多人在线游戏中，玩家可以组建团队或加入公会，与其他玩家合作完成任务或参加战斗。通过团队合作，玩家可以互相支持和协作，共同达成游戏目标。在这个过程中，玩家可以建立起深厚的友谊和信任关系，获得社交认同和荣誉感的满足。

（3）挑战和成就感的追求

挑战和成就感是电子游戏竞技动机的另一个重要方面。电子游戏通常设有各种任务、关卡和成就系统，玩家需要通过不断努力和挑战来完成这些目标。当玩家成功完成一个困难的任务或战胜一个强大的对手时，他们会获得一种成就感和满足感。

电子游戏中的挑战和成就感可以激发玩家的动力，让他们不断努力提升自己的技能和能力。他们会不断寻找新的挑战和目标，不断突破自己的极限。这种追求挑战和成就感的动机，使得电子游戏成为一个吸引人的竞技平台。

（4）感官刺激和身心反应

从人体学和生物学的角度来说，人在进行竞技对抗时身体的感官刺激和身心反应要比一般平和状态下更加亢奋，内在的潜力也更容易被激发。人们在通过某种游戏或是某项运动进行竞技时，为了将这种感官刺激和身心反应放大化，往往会设置某些奖励。基于"感官刺激和身心反应"所产生的动力和持久性因人而异，所以在游戏的竞技过程中，有的参与者状态会越来越好，有的参与者却一直均衡发挥。

（5）竞技产生的内外能动性

电子竞技游戏的参与者在进行游戏体验后往往会发现，自己的行动或某些行为并不仅仅局限于游戏系统本身的设置，他们自己也具备了能够左右游戏进程的力量（例如许多超高水平的玩家会影响游戏内固有设定的平衡，使得在更新的版本中，原有的设定被适当平衡甚至直接消除）。

竞技游戏的内外能动性基于人的大脑，不仅仅具有接收功能和反应能力，更具备生产能力、创造能力、预见能力和反思能力。

游戏参与者通过（虚拟）竞技，渴望从游戏中获得的是对"能动性"的一种主体体验，他们需要切实感觉到自己对事件具有支配力和控制力。这会产生参与者之间的能动性碰撞和参与者能动性与游戏系统本身的碰撞。

游戏参与者在游戏竞技中所产生的内外能动性表明参与者并不是局限于本能的感官刺激和身心反应，他们还会探索和主动适应"环境"变化，并主动对其产生影响。

（6）竞技目标和竞技评价

在竞技游戏中，"竞技游戏的参与者朝着预期的目标发起冲击"再到"竞技游戏的结果及社会各方面对参与者做出一定评价"。游戏中的技艺比拼需要进行长时间的反复练习和大脑有意识的思考来作为基础。而长时间这种维系动机的动力来源于人对目标和评价的期待。

期待的增持作用是非常强大的，这也是竞技运动员和竞技参与者能十年如一日地坚持训练的原因。当然，在现代社会愈发激烈的竞争中，只有忍得"十年寒窗"，才有可能"一举成名"。

2.电子游戏受众的主观预期

电子游戏受众的主观预期指的是所研发游戏面向的受众的各项需求，也可以理解为游戏受众对游戏的预期值。一款游戏在研发的初期，游戏研发人员会面向游戏受众展开一系列调研论证活动，从而得知游戏受众对游戏有哪些方面的需求。合理地运用游戏受众的主观预期是指引游戏研发商研发出迎合市场的游戏的一条有效途径。一款成功的游戏必然是符合市场需求的，如果连直接的受众都无法接受，自然无法在市场中立足。

3.电子游戏研发人员对游戏的理解和视角

在电子游戏的制作过程中，游戏研发团队的人员结构质量很大程度上决定了游戏的最终品质。研发人员对游戏的理解和视角从游戏蓝图规划开始就决定了游戏的整体大框架。所以，游戏研发商的游戏研发团队的构成是非常重要的，一个核心研发团队需要有合理的人员结构，需要负责游戏故事背景编绘、游戏世界规则编写、人物设定等的内容设计师，也需要将文字和想象转化为图像的创意原画师，还需要游戏程序代码编写的程序员，等等。一款游戏的制作过程其实也是一种文化交流过程，只有内涵丰富且能够齐心并力的团队，才能制作出高品质的游戏。

（二）客观因素

客观因素会在无形中影响人们的思维和认知，主要体现在社会生产力的发展、法律相关政策和计算机硬件设施上。

社会生产力的发展在客观上决定了游戏产生和发展的物质基础。古代农耕社会时，人们热爱田径游戏；到了近代，汽车的发明和工业革命的推进，追逐速度的人们痴迷于F1竞速；随着科学技术的发展，计算机、互联网技术和电子游戏开始普及，电子竞技游戏的流行自然水到渠成。

每个国家、地区的法律和相关政策是约束、规范人们行为的准则，任何事物都会受到法律条文和政策的影响，游戏也不例外。[①]

第二节　电子竞技的功能

一、电子竞技的社会功能

电子竞技因社会发展而生，是一种行为状态，也是一种传播文化，作为电子竞技核心所在的电子游戏和赛事更是可以产出巨大的价值，伴随社会共同发展，逐渐出现了体育竞技、文化传播、开拓市场和娱乐休闲四大功能。

（一）体育竞技作用

1.全新的体育运动

当今，电子竞技作为一项新的体育运动，其独特的魅力已经得到了多国政府和社会的认可，也受到了许多竞技爱好者的青睐，更为人们在体育竞技上提供了新选择。社会大众对电子竞技的认知和态度在不断发生变化，各个国家关于电子竞技的政策也在不断更新调整，但这些都没有改变电子竞技可作为体育竞技项目的属性特征。而且，随着电子竞技相关规则的完善，我们相信在未来，电子竞技的体育竞技作用会为人类的竞技领域带来更多的精彩。

2.虚拟的竞技方式

如前所述，电子竞技是一种以"虚拟"的方式进行的人与人之间的对抗竞技。正是由于竞技方式的虚拟化，人们在接受它的时候需要一个较长的过程。

这种虚拟的竞技方式可以使竞技内容无限延伸，我们根据其载体（电子游戏）的创作路径，将其划分为虚拟创作类和模拟仿真类。

---

① 龚骁，蔡文敏.电子竞技概论［M］.广州：广州中山大学出版社，2021：15—16.

虚拟创作类的电子游戏在主流电子竞技项目中一直占有较大比例，从早期即时战略类电子游戏到现在的多人在线即时对抗类电子游戏，基本属于虚拟创作作品，游戏内容大多都是由人凭想象而创造。

（二）文化传播作用

1.艺术创作的新领域

艺术与人类生活息息相关，艺术传播让各国文化得以更好地交融，艺术没有国界，世界舞台皆为艺术家敞开；艺术更是一种特殊的社会意识形态，艺术生产是一种特殊的精神生产。所以，虚拟空间自然不会阻碍艺术家们天马行空的艺术创作，甚至，电子游戏给予了艺术家更多超越现实的创作空间。

在今天，人们已经普遍认可"电子游戏"是八大艺术形态之后的第九种艺术形态。其实，在艺术美学史上，已有多位美学家对游戏与艺术的关系进行过梳理与陈述，其中不乏康德、席勒、弗洛伊德、伽达默尔、胡伊青加等艺术大家，他们都发表过有影响的代表性观点和言论。可见，把电子游戏作为"第九艺术"，是有着相当深厚的理论知识积累的。

每一种艺术都有区别于其他艺术的内涵。电子游戏最基本的艺术特点是参与，艺术家为电子游戏和电竞赛事创作了大量涉及视觉、听觉、叙述等方面的艺术作品，在人们进行电子游戏过程中，这些艺术作品便被知晓与赏析。

近年来，舞台灯光、虚拟现实和全息投影等技术发展很快，电子竞技赛事也可以像电子游戏一样，为各类艺术家提供很大的创作舞台。

2.文化交流的新途径

互联网为世界各文明间的交流学习提供了前所未有的便利。在 21 世纪到来后，竞技类的电子游戏依托于互联网技术的进步，达成了一次飞跃式发展，互联网游戏平台为这些游戏爱好者搭建起一条新的交流途径，之前难以寻找对手的问题不复存在。有了良好的游戏环境，加上游戏自有的社交功能，竞技类电子游戏开始受到世界各地游戏爱好者的青睐。不同肤色、不同语言、不同习惯的人都可以选择同一款电子游戏进行竞技和文化交流。

相比电子游戏而言，电竞赛事在文化交流上与传统体育赛事有诸多的相似点，如赛事传播途径、联盟主场方向和职业体系建设等。随着电竞赛事的发展，其衍生活动也越来越多，呈现出"文体双生"的局面。从目前来看，电子竞技已经成为世界各国进行文化输出的一大桥梁，大型赛事举办方都推崇"匠心态度"，力求保证高级别赛事的质量，在传播比赛的过程中更加看重文化层次的内容。

（三）开拓市场作用

1.新游戏市场

在电子竞技概念出现之前，电子游戏市场就已经出现，且产业结构非常清晰，在几十年的发展中，一款又一款的电子游戏从发布到迭代或是消逝，一般都是从电子游戏研发到游戏市场运营推广，再到电子游戏受众和受众服务方，少有其他产业会涉及其中。电子游戏市场在早期的发展过程中虽处于一个较为封闭的循环状态，但却有着众多细分方向和游戏类型。电子游戏的市场主要涉及手机端、客户端（游戏机、计算机、其他客户端设备）和网页端，其中手机游戏市场最大。

游戏类型广泛，常见类型包括角色扮演类、养成类、策略类、卡牌类、格斗类、竞速类、关卡类等。

电子竞技概念被提出后，竞技类电子游戏的受众和影响与日俱增，竞技类再细分的类型也越来越多，如即时战略类、多人即时在线对抗类、第一人称射击类等。不同类型的游戏在多方面会存在共同特征，如竞技类的电子游戏也会具备娱乐休闲的功能，但对于大众来说，电子游戏类型的划分则比较简洁，即竞技类与非竞技的娱乐休闲类。

竞技类电子游戏的火热让原本发展缓慢的游戏市场开始急速升温，各大小游戏公司纷纷在将要推行的游戏中增添竞技属性，或根据不同的竞技模式研发新的游戏，电子竞技游戏成为游戏市场中的一片新蓝海。

2.产业融合与扩张

如果说原本的电子游戏市场是一个闭塞循环，那么电子竞技则扮演了破局者的角色，电子游戏产业的独立形态因竞技发生了许多改变。

早期的电子游戏市场，最大的变现途径是通过售卖研发完成的电子游戏来获利。一款游戏从研发设计到受众流失，能够产生其他营利点的环节并不多，所以整个电子游戏市场并没有受到传统商业资本的青睐。电子游戏的产业链构成也非常简单，主要是电子游戏研发商、电子游戏运营商、游戏外设产品商和游戏售后的服务商。而且在这条产业链上，除去研发环节，其他的环节一般都不专精于该领域，如为电子游戏提供运营推广的公司也会在其他领域的内容上提供类似业务，生产游戏外设和周边的公司同样也会生产其他类型的外设和周边产品，售后则更是如此，基本由第三方服务公司承包。

电子竞技（主要是电子竞技赛事）的出现使原本结构单一的产业链开始发生翻天覆地的变化：闭塞的产业循环被逐步打破，传统行业纷纷入局，电子游戏市场所衍生出的电子竞技产业链以惊人的速度开始融合与扩张。

极具观赏性的竞技类电子游戏推动了电竞赛事规格的不断升级，高级别赛事得到传播渠道的支持后，商业价值变现已成为现实。一个庞大的电子竞技产业生态链随着电子游戏的部分市场与其他产业的融合而逐步扩张成型。

（四）休闲娱乐作用

1.绿色休闲新选择

我国一直坚持走可持续发展道路，绿色环保是可持续发展理念的应有之义。绿色休闲作为一种全新的休闲观念，摈弃浪费、奢靡、沉闷与毫无创意的吃喝玩乐，倡导以环保的概念重新导演休闲生活。

电子竞技具备娱乐休闲作用，也不会产生过多实体耗损，更不会破坏、污染生态环境，适度的参与还可以起到益智健脑、身心协调、坚韧意志的作用。绿色休闲具有的健康、向上和轻松三大特征，在电子竞技中也均有体现。如今，电子竞技已经成为广受大众喜爱的绿色休闲新选择。健康：世界卫生组织把健康定义为"身体没有缺陷和疾病，还具备完整的生理、心理状态和社会适应能力"，健康也是绿色休闲中不可或缺的灵魂，仿佛水之于雨，空气之于生命。电子竞技是一种对抗运动，可以提高参与者的思维能力、反应能力、心眼四肢协调能力和意志力，甚至培养良好的团队精神。这在一定程度上提升了参与者的身心健康和社会融合能力。但我们仍需谨记：适度游戏益脑，沉溺游戏伤身。过度沉溺其中对身体的害处不言而喻，所以，适度地用电子竞技项目进行休闲娱乐才是绿色健康休闲的正确做法。

向上：向上是绿色带给人的一种直观感受，绿色象征着万物复苏，向上生长，活力盎然。不同的休闲方式带来的是不同的身心感受。三五成众，打牌吆喝觥筹交错是一种休闲；一人独行，泡吧蹦迪也是一种休闲。然而，这些休闲方式与绿色并不相融。绿色休闲的方式会消除参与者身心的浑浊和颓废，用心旷神怡的感受让我们获得向上进取的正能量。电子竞技项目注重参与者的技艺，也注重意志，更注重团队协作精神，"拼搏向上，竞无止境"可以说是电子竞技最好的体现。

轻松：描述的是绿色休闲过程中的一种状态。一个人的阅读时光、两个人的愉悦交谈，或与成群好友的欢乐旅行，都轻松惬意。竞技类电子游戏发展至今，内容和种类都已相当丰富，除用于体育竞技外，休闲娱乐的功能并没有减弱。尤其是以回合制、关卡制、剧情发展进行的内容，在游戏节奏上一般都偏向轻松缓慢，非常适合人们享受轻松休闲的时光。

2.泛娱乐化促融合

泛娱乐化是产业融合的现象。产业融合是产业交叉、产业渗透和产业整合所形成的产业边界模糊或消失的产业发展现象。而电子竞技恰恰就是文娱和体育碰撞后所产生的火花。

近年来，电子竞技产业已经今非昔比，各种形式的大小电竞赛事轮番登场。数量巨大但内容趋同的赛事让受众群体开始产生倦怠感，单一内容已经无法满足这类人群日益增长的娱乐需求，电子竞技需要打开泛娱乐市场，才能突破受众增长放缓的瓶颈。因此，以电子竞技作为内容的直播频道和综艺节目在数量上呈直线上升趋势，甚至许多影视和文学作品都开始选择电子竞技作为主题。可见，泛娱乐化演变和较快的产业融合速度是电子竞技在发展过程中的一种必然经历。

　　但是，电子竞技走向泛娱乐化也会产生新的问题，如直播平台兴起后，较低的主播入行门槛导致行业人数增长过快，竞争日趋激烈。这种现象自然会波及电子竞技领域，许多电子竞技的职业参赛选手都兼职从事主播行业，兼职收入如果高于本职收入过多，选手可能会无心进行艰苦训练，从而影响成绩；同时，主播高涨的身价也会加剧各大俱乐部之间对于选手流动的转会出价，恶性循环会对电子竞技产业产生很大的不良消耗。所以，我们应当以客观的态度看待电子竞技泛娱乐化的演变，它在出现一些问题的时候，同样也会给我们带来许多机遇。

二、电子竞技与教育功能

　　电子竞技教育的初衷与实现路径不只是教学生如何"玩电子游戏"和提升电子游戏的竞技水平，培养职业参赛选手只能看作电竞教育教学当中的一个方向，该方向大范围上更适用于电子竞技运动训练的教学体系。然而，职业参赛选手的技能构成特殊性，注定其不适用于普及化、可推广的高等教育教学。

　　现实中的电子竞技领域涉及宽泛，教育方向应围绕电子竞技核心构成（电子竞技游戏、电子竞技赛事和电子竞技文化产品）所衍生出来的内容来进行研究发展。为电子竞技行业培育优秀人才和推动电子竞技产业长效可持续发展是电子竞技教育的意义所在。

（一）市场需求与电子竞技教育

　　1.突如其来的市场需求

　　受各方面因素影响，电子竞技产业在我国的起步与欧美、韩、日相比较晚，电子竞技在韩国、日本、美国、法国都已经形成了规模巨大的产业链，并且在国家经济中都占有一定比重，尤其是韩国，电子竞技一度成为其国民经济三大支柱产业之一。但是，受各方面因素的影响，电子竞技在我国起步相对较晚。较晚的起步却迎头赶上，电子竞技产业突如其来的繁荣带来了很大的人才缺口。

　　（1）产业现状

　　电子竞技产业的核心是电子竞技游戏和电子竞技赛事，同时，围绕电竞游戏和电竞赛事衍生出了一个横跨竞技体育、休闲娱乐、文化传播、制造生产、教育培训的大型生态产业链。

　　随着电竞产业日渐成熟、可持续造血功能逐步完善，未来电竞市场的产值增长会趋于理性、缓和，电竞领域的人口红利也会逐步消失，整个电竞产业会更侧重于精细化的深度发展。目前电竞产业的特征主要表现为电竞赛事职业化、电竞游戏移动化、涉及领域交叉化和国际联系密切化。

（2）产业驱动力

近年来，电竞产业的经济增长呈现欣欣向荣之势，许多媒体和电竞垂直厂商都认为电子竞技在我国已经逐步进入黄金时代，客观分析，这种看法主要来源于电竞产业发展驱动力的不断增强。电竞产业发展的驱动力主要来自社会认可提升、扶植政策增加、游戏厂商可持续盈利和传播渠道的多样化。

①社会认可

社会认可是产业走向大众化和吸引更多人才的先决条件，从被认为玩物丧志到国家荣誉，电子竞技在中国走过了漫长的认知之路。

②政策扶植

电子竞技产业的发展相比许多传统产业具备绿色无污染、辐射人群广、交叉路径多等优势，可以起到激活地方经济和拓宽就业市场的功能。随着社会和人们认知的提升，政策从限制开始转向扶植。

③可持续盈利

互联网产业的发展为电竞内容的传播带来了极大的便利，政策的放开、直播平台的兴起、智能手机的普及使得电子竞技的宣传渠道变得开阔起来，传播力度呈数倍增长。多样化的传播渠道和数以亿计的受众需求，让电子竞技领域产生的用户流量变现成为现实。

（3）人才缺口

综观目前电竞行业所提供的就业岗位，具备高水平电竞认知的同时又具备一项或多项应用技能的人才最受电竞行业青睐。位于产业上游的游戏研发商最大的人才缺口是游戏美工制作人员和游戏编程制作人员；而处于产业中上游的游戏运营商和赛事运营商中，赛事包装设计和技术服务类的岗位是在过去几年时间里快速扩张的两类岗位，但仍然人才紧缺。多数求职者会更偏向于选择垂直于电竞游戏研发和电竞赛事运营这两大核心业务下的岗位，但这些岗位不仅对从业者的素质要求更高，而且岗位吸纳人力资源的口径相对较窄；而产业下游的媒体、直播、制造、设计等方面的口径相对较宽，但是从业者的总体就业意愿偏低。总的来说，电子竞技产业人才需求的空间是相当充裕的，随着电子竞技产业规范化的来临，整个产业生态上的劳动力市场会有着结构性的调整。

目前，我国的就业市场仍然会出现许多毕业生未能顺利就业的情况，而市场尤其是新兴市场对人力资源的需求并未饱和。电子竞技市场上需要的是更多"懂电竞""有技能"的复合型人才，他们需要既懂得电子竞技相关知识，又擅长于某一类专项技能。行业对这种人才的急迫需求，促使电竞教育"临阵上场"。

2.临阵上场的电竞职业培训

电子竞技教育是电子竞技运动全球化普及化和电子竞技产业开始成熟化、多元化后的一种必然产物。

电竞教育这个概念在被提出之前，电竞行业并没有培养人才的专业渠道，主要依靠从业人员内部"师徒传承"，各公司在吸纳人才时选择非常受限。产业的快速发展使得这种传统方式在效率上已经无法满足市场需求，人们开始探寻一个新路径来解决这个问题。在海量市场需求的刺激下，电子竞技的职业培训如同雨后春笋般涌现。这类职业培训一般都由电竞行业内部公司自行开设，如赛事公司会开始赛事策划类培训、运营公司会提供运营课程培训、研发公司会设置研发课程培训。培训周期不长，一般以1～3个月为主，少有半年以上的，学费十分昂贵。

由于电子竞技行业火爆，这种职业培训在起步阶段吸引了大量想入行的求职者参加，但是教育教学经验不足和实际培训内容匮乏的弊病很快凸显，许多参加培训的人开始认为培训无用，很快，电竞职业培训在受到大量负面连锁效应的冲击下，逐渐淡出人们的视线。

3.探索与借鉴并行的电子竞技高等教育

电竞职业培训未能解决电竞市场人才需求的问题，而行业仍在发展，需求更在扩大，建立完善的培育人才体系变得更为迫切。

培养大量高质的人才需要启用相当多优质的教育资源，而且更需要足够多心智发展较为成熟的教学对象（培养对象）、有条件且能与社会产生更多有效接触的教学平台、丰富多样的教学资源、可进行深入研究的学科探索。这些均是电竞教育长效化、合理化的必要条件，而高校自然就成为一个最优选项。

高校电竞专业在发展中的摸索与借鉴呈现四大特征：招生人数不成规模、教学资源过于贫乏、依赖相关交叉学科和理论体系相对薄弱。

（1）招生人数不成规模

电竞产业近年来膨胀式的发展使得发展电竞教育变得异常紧迫，突如其来的人才缺口，仅依靠行业内师徒传承，无法从根本上解决问题。但是高等教育需要态度谨慎和时间磨砺，早期的电竞教育试验田规模不宜过大，高等院校在电竞专业的招生规模上需要合理有效地把控。

（2）教学资源过于贫乏

目前阶段的电竞讲师更注重其电竞从业经历及赛事成绩，同时具备实战和理论的"双师型"教师相当少。电竞作为新兴行业，许多岗位算是开创性的，在教学上教什么、如何教都成为不小的难题。例如，电竞裁判这一职业除了需要耗费大量时间在教材、课程编排等方面外，还要考虑其如何得到有效的教学产出，这对教师的素质要求就相当高了。再如赛事转播这一领域，传统体育赛事和电竞赛事虽然同是赛事，操作的人也是专业的技术人才，但可能因为不懂电竞，也就无从下手；但如果选用一个懂电竞的人，可能又对转播技巧一无所知，不知如何呈现最佳的转播效果。该问题同样会出现在电竞领域的教育教学中。深耕于电竞行业的从业人员具备丰富的行业知识，但很可能无法承担教育教学任务；而师范科班出身的人虽精通各项教师应有技能，但又可能缺乏专业的电竞素养。从科学理论发展的层面上看，解决这样的问题，需要进行体系上的跨界融合。

（3）依赖相关交叉学科

电竞产业具备庞大的产业架构。电竞教育若想在跨界融合中较快地发展，必然会经历一个依赖交叉学科的过程。电竞专业在传统专业培养体系上进行二次创新，如何有效融入电竞知识是急需解决的问题。目前我国各大高校开设的电竞专业（方向）中，主要包含如下几种"电竞+"的融合形式。

①电竞+体育运动训练

这种融合形式是基于传统体育训练的方式，再加上主流电子竞技赛事项目的竞技特征进行课程设计与教学体系构建的。当电子游戏对抗上升到高水平竞技强度的时候，电子竞技运动训练学科研究就具备了存在的价值。在该领域，更多的是研究电子竞技运动训练规律以及有效组织电子竞技运动训练活动行为。该融合学科研究的主要任务在于揭示电子竞技运动训练活动的普遍规律，指导各电竞专项训练实践，使各专项训练活动建立在科学训练理论基础之上，努力提高训练的科学化水平，为职业电竞运动员、教练员、战术数据分析人员提供科学的理论指导。

②电竞+游戏编程开发

当前，电子游戏编程的教学已经达到成熟阶段，在我国现有的计算机相关学科当中已经得到广泛应用，而电子竞技游戏的出现，使得电子游戏编程的教学方向更加细化。程序编写是前期所有看似镜花水月的策划和设计走向现实的最后一环，也是必要保障。

③电竞+美术设计创作

现有艺术专业大类下的许多专业可与电竞融合，例如动画影视设计、数字媒体娱乐等，该方向的融合需要考虑更多的是如何提升学生画面艺术美感和培养学生对电竞游戏中人物、场景、道具、主题等方面的创作能力和想象能力。这一板块往往实现的是内容结构策划（文字综合能力与叙事创造能力）和数字成像美工（艺术绘画能力与丰富的想象力），他们可以看作赋予游戏项目灵魂与血肉的环节，如果此环节无法满足用户市场需求，那么就没有对其进行编程研发的必要。

④电竞+赛事运营策划

此板块的课程一般基于商学院或文化产业管理学院基础课程，赛事运营与策划、电竞俱乐部运营与管理，本质上与传统学科中的企业运营管理无太大差异。

⑤电竞+播音主持编导

主播解说在学科框架上几乎完全重合，只是目标对象是电子游戏项目，电竞内容的直播与转播技术开发与应用，与传统学科多媒体技术的开发应用尤为相似。

综合来看，高校电竞教育的内容已经逐步覆盖游戏产品开发设计、电竞内容策划运营、电竞解说主播培养和电竞运动训练与管理等方面，但在教育教学过程中，不管是与哪种学科的融合，都还需要培养学习对象（包括教师和学生）的整体综合素质和创新创造能力。

（4）理论体系相对薄弱

传统学科的建设经历了漫长时间的市场考验，在不断进化和丰富的过程中已然演变成了一个能达到"教学研产"的有效循环，而电竞专业的学科体系目前处于荒芜状态，其理论研究更多直接来源于电竞行业的各项实践，再通过相关交叉学科的借鉴来进行搭建的，还处于一种不够完善也不够稳固的状态。

电子竞技高等教育在探索与借鉴并行的过程中存在不少问题，暂时也没有形成独立体系的学科模式，而电竞行业的膨胀式发展又来得太快太急。教育是一个漫长的过程，教育需要的是慎重，而电竞产业的繁荣发掘出巨大的商业潜质，一大批投机者把目光聚焦在了还处于混沌阶段的电竞教育行业，这对电竞教育的发展造成了一定的反作用。

对于高校而言，目前缺少的是对电竞行业的深入理解和对电竞科学的体系建设。解决这些问题需要一定的时间周期，更需要社会大众以一种客观的态度去看待并给予培养新专业的人才足够的耐心和尊重。

而对于电子竞技的高等教育发展走向来说，应该立足于电竞行业岗位需求，从教育本身出发，建立一个合理的学科体系和教学标准，在教学过程中因材施教，注重发掘教学对象的优点，最终成为规范电竞行业的指南针和高等教育体系内的优秀标杆。

4.关于电子竞技教育未来发展趋势的探讨

从教育的一般发展规律来看，电竞教育在未来很快会呈现出规模国际化、内容多元化和职业核心化的发展趋势。

（1）规模国际化

电竞教育在我国才刚起步，但在电竞文化发展较早的欧美和韩国早已启动。近年的留学预期中，国外大学或机构的电竞相关专业和相关培训项目开始受到许多有留学深造规划学生的青睐。与此同时，越来越多的国内高校开始与国外高校共同搭建相关专业的学科体系和学历上升通道。得益于电竞赛事国际化和互联网跨国服务器平台的出现，跨国领域的电竞教育能够更快地朝着相互融合、相互促进的方向前进，电竞教育中的这种"规模国际化"是把跨国界的、跨文化的电竞教育理念和教学方法融合到本国的电竞教育教学、研究探索和服务社会等功能中的一个过程。

（2）内容多元化

从早期的单一电竞职业选手培养模式，到电竞教育成长期的多种电竞+文化组合的尝试，电竞教育一直在必要内容的输出上摸索，其原因是电子竞技处于膨胀式发展的相对不稳定状态。那么，该领域短期、中期、长期分别需要什么样的人才？什么样的培养目标最适用于产业定向培养的路径？这些都是电竞教育需要研究、考虑的重点范畴。电子竞技这种膨胀式发展的相对不稳定状态，必然会催生出很多"应急岗位"，加上电竞文化辐射的范围正在扩大，并渗透到各个年龄阶层，那么电竞教育的输出内容就必须细化，其包容性、交叉性也必须增强。这些都会促使电竞教育的输出内容朝着各主要方向进行再次细分，内容发展呈多元化的趋势。

（3）职业核心化

亚洲奥林匹克理事会和国际奥委会相继对电子竞技是一项"体育运动"发表声明，亚洲奥林匹克理事会更是将电竞运动作为杭州亚运会的正式比赛项目。这些体育竞技的盛大赛事对电子竞技的认同，无不与电竞项目本身的可职业化体育竞技方式有关。其必然性主要体现在以下几个方面：一是电子竞技中的传统体育竞技属性。电子竞技中的运动项目以电子竞技游戏为载体，竞技类电子游戏中的操作对抗和策略意识除去自身因素外，更多需要科学系统且合乎人体规律的训练。二是电子竞技赛事巨大商业价值的推动。项目职业化的完善很大程度上会受到相关赛事传播的影响。在今天，电竞赛事的影响力已经超越足球、篮球，成为世界范围内受众最多的赛事类型，电竞职业赛事传播已进入资本抢占阶段。优质电竞赛事的转播权带来极大的商业价值，可为赛事转播权持有者带来商业赞助权、转播权、衍生品开发权、门票销售权、衍生品销售权等一系列权益。电竞赛事商业价值的挖掘，给电竞职业化发展带来了更多的保障。三是电子竞技涉及领域的扩张。电竞职业选手是电竞领域扩张所带来的巨额红利的最直接受益者，当下，优秀的电竞职业选手可谓炙手可热、名利双收。这些领域的扩张更多地依赖电子竞技游戏的可交集性，然而，让电子竞技游戏成为竞技性强、观赏性佳的运动又有赖于职业选手。

（二）电子竞技教育的意义和目标

1.发挥教育应有的本位价值

价值，是一种主体与客体之间的特殊关系。在马克思主义哲学中，价值被定义为反映价值关系实质的哲学概念；而在现代社会中，教育除了传授与发现知识的本位价值外，还被社会赋予了较高的经济价值，用于满足人们的物质需求。

从教育的本质上来看，构建教育理论需要基于一定的人性假设，发挥人的潜能、发现人的价值和使个体能更好地融入社会都属于教育的本位价值。在电子竞技领域的教育也应该着力于"以人为本"和"适应社会需求"，这些理念应当在教育过程中被推崇和贯彻。

（1）发挥人的潜能

人本主义推崇的"潜能"说认为，人的潜能就似含苞待放的花蕾，需要待其绽放，吐露芬芳。潜能对外界刺激的感应是相当敏锐的，人们在现实的生活实践之中得出，人的潜能被唤醒后，还需要不断地引导和培养，例如具备很高艺术天赋的人必须注意坚持引导和培养，否则潜能极有可能就此埋没。

人们在电竞领域的创造、创新能力和其他应用性技能，在自身萌芽后，需要在教育中不断地引导和完善并坚持下去。

（2）发现人的价值

"天生我才必有用"，充分说明了人的生命的独特性和价值。电子竞技还处于萌芽状态时，许多人认为电子竞技不过就是打游戏而已，这种观念的产生，正是因为从事电竞和电竞相关产业的人被认定产出价值不高，仅停留于游戏娱乐消遣的阶段。在这个时期，多数接触电竞的人并不由自主地认为自己在进行电竞活动（包括相关工作），相关产业自由生长，也不存在高价值回报。发展到扩张期，电子竞技产业的游戏—赛事—竞技—娱乐—周边—文化的产业架构基本成形，人们可以在产业种类中找到多种类的就业方向，越来越多的传统厂商发现电竞带来的价值不容小觑，同时，更多的人开始愿意投身于电竞事业，对电子竞技的看法也不再停留于打游戏与娱乐消遣上。再看电子竞技黄金时代的产业状况，政策的放开、全球性赛事的普及、受众年龄层次的多元化，电竞产业的繁荣使得许多领域都朝着与电竞交集的方向靠拢，人们甚至会根据产业导向和需求来为自己的职业生涯定位，电子竞技教育的价值已经显现。教育引导人们发挥主观能动性去超越原有的自我定性，逐步从未知走向明朗状态，从而明确自我价值，清晰自我定位，发挥自我主体作用。

2.培育电子竞技领域优秀人才

社会发展已经在互联网信息时代来临后走上高速路，各行业、各领域的发展都渴望人才。能不能吸引人才，已经成为一个领域发展的关键所在。

电子竞技是信息化时代兴起的一个全新领域，也是一个发展潜力巨大的领域。在电子竞技领域人才系统培养方面，高等院校在电竞教育的专业教学方向不仅要保障专业技能知识的输入，还要塑造学生良好的道德情操，使其养成优秀的职业操守，更要注重培育学生的创造、创新能力。电子竞技在未来的发展必定会融合更多诸如人工智能和大数据这样的前沿技术，同时，培养学生创造、创新的精神与解决新问题的能力也是目前教育改革的重中之重。

除院校内的教育教学外，行业内实践也需重视，"理论结合实践"才能培育出人才。校企联合培养可以有效提高学生的实际动手能力、团队协调能力和对未来岗位的适应能力。

在此，我们相信，逐渐步入正轨的电子竞技教育能够给"中国电竞"和"中国创造"培养出更多、更优秀的人才。

3.引导电子竞技产业有序发展

首先，电子竞技教育的普及能够逐渐改变人们对电子竞技一些固有的负面观念。目前，对电子竞技仍然持排斥态度的人不在少数。电子竞技是不务正业、电子竞技就是打游戏的思想仍然存在。这些看法和观念不利于电子竞技的健康发展，因此，需要通过教育普及来改变人们对电子竞技的片面理解。只有消除种种偏见，电竞产业才能走上健康有序的发展道路。其次，有效的电子竞技教育有利于规范电子竞技市场。电子竞技市场虽然庞大，但许多方面还不算成熟，特别是人才输送渠道，由于没有专业的人才培育体系，目前，整个市场的从业人员鱼龙混杂，许多从业人员只是经历几天简单的培训就匆匆上岗。而规范的电子竞技教育应当让学生进行多方位的知识学习和专精技能的磨砺，毕业前必须具备一定的理论和实践水平，达到高等教育的毕业考核标准。因此，这类学生在毕业后进入电子竞技行业就职，有利于规范电子竞技市场，引领电子竞技朝健康的方向发展。

最后，电子竞技教育的普及和完善可以大幅提升该领域的社会认可度。从业人员素质的提高、产业的健康有序发展都会让社会对该领域做出更多的正面评价。如此一来，人们会更加向往在这个领域就业，整个产业的人才输送就会更加顺畅。人才越来越多，产业自然越来越繁荣。

4.推进交叉关联学科共同发展

设立交叉学科研究中心，促进学科融合，是目前世界各国在教育创新领域共同的着力点。近年来，我国的高等院校在促进学科交叉、融合与渗透上一直在持续发力，着力于为培育学科新的生长点、促进学科繁荣、提升原始创新能力、促进科技事业发展、提升科技支撑经济社会发展水平提供坚实的学术基础。

电子竞技这个年轻的领域在高等教育学科大类中还未占有一席之地，但基于信息时代而生的背景和可无限拓展的虚拟空间，注定会与众多学科有所交集。该学科现在所探索的领域主要涉及体育学科的运动训练和竞技心理学，文化管理学科的运营管理和内容策划，艺术学科的试听艺术设计和故事文本创作，传媒学科的播音主持和解说技巧，计算机学科的人工智能技术、大数据运用和程序编写等。①

---

① 超竞教育，腾讯电竞.电子竞技运动训练学 [M] .北京：高等教育出版社，2021：4—5.

第三章 电子竞技运动实践教学的路径

第一节 电子竞技运动教学现状

一、电子竞技的概念界定

在电子竞技专业的教学过程中，首先要解决的问题就是何为电子竞技。只有厘清电子竞技的概念才能对其进行合理的分析以及区别于其他的类似事物。电子竞技运动，英文原文为electronic sports，简称e－sports或e－Sports。

其他常见的称谓有：competitive gaming、Cyber－gaming、cyber sports或V－sports。它是"互联网+"视域下，互联网+体育结合的产物。电子竞技可以拆开做解释，首先，"电子"这两个字透视出的是科技的进步所带来的一种虚拟化技术以及一些设备；竞技则是指对抗、比赛，是体育的本质特性。电子竞技是以信息技术为核心，以软硬件设备为器械，在信息技术营造的虚拟环境中、在统一的竞赛规则下进行的对抗性电子竞技游戏运动，是电子游戏比赛达到"竞技"层面的体育项目。电子竞技运动有两个基本的特征：

第一，"电子"是这项运动的方式和手段，也可以说是一种载体，这与传统体育项目需要器材和场地是最大的不同；

第二，"竞技"是这项运动所外现出来体育的属性，体育项目的本质特性就是"竞技"，电子竞技的核心也必然是对抗、比赛。严格来说，电子竞技的概念有广义与狭义之分，狭义的电子竞技是指那些离开了电子设备无法存在的电子竞技游戏，广义的电子竞技是指除了上述的狭义电子竞技游戏外一些传统体育电子化的体育竞技运动。

由此看出电子竞技是信息时代的产物，从社会发展方面看，电子竞技对于人们满足感是有着作用的，而且一定程度上为经济社会的发展提供助力。从本质特征方面看，电子竞技应该是一种文化观。从呈现形态方面看，电子竞技已经逐渐走进学校体育的视野，并有爆发式发展的势头，这是电子竞技贴合社会时代的需要，也是电子竞技"更高、更快、更强"奥林匹克精神的体现，更是电子竞技属于竞技体育的最好证明。

二、我国高校电子竞技教学现状

近几年来，电子竞技运动在我国的发展过程中一直都是备受争议，直至政府出台相应政策，鼓励电子竞技运动在我国的兴起与发展。由于是电子竞技专业的起步阶段，各院校所招收人数并不多，即使这样也出现部分院校招收不满情况，电子竞技专业的发展还存在这样那样的问题。从开设电子竞技专业的高校数量来看，电子竞技专业在我国正在飞速发展阶段，但是由于各高校软硬件设施的局限，使得电子竞技这门新兴专业在高校的发展受到了种种制约。从现有的一些文献资料可知，众多学者也在不断研究电子竞技行业的发展以及校园文化，但是对高校电子竞技教学方面的研究相对缺乏，研究者主要研究电子竞技行业的商业价值以及自体育局明确提出电子竞技归属于体育之后电子竞技对传统体育的影响，这种情况造成了有关电子竞技专业教学的文献几乎没有。

三、我国高校电子竞技教学存在的问题

在电子竞技教学之前还应该考虑教的对象，不只是学生更是社会大众，目的是使社会公民对电子竞技有一个正确的认识。如何通过教学活动使人们正确认识电子竞技行业，使其"由害变利"，是教育者应该首要考虑的问题。其次，在教学过程中教师应该引导学生正确的从事电子竞技行业而不是沉迷于游戏之内无法自拔。现阶段我国电子竞技专业教学存在的问题有：

（1）师资问题；

（2）学生问题；

（3）教材与电子竞技资料问题；

（4）教学评价问题。

（一）师资问题

我国现阶段出现的师资问题主要是：数量较少，质量不高，对口专业较少。近些年来中国在电子竞技行业负有盛名，也出现过很多优秀电子竞技选手，但是这些选手大都是俱乐部层级选拔上来的，虽然拥有高超的技艺、灵活的头脑但是其文化水平受限。在调查俱乐部职业选手年龄时发现，职业选手的选拔年龄大都

在17~24岁之间。高负荷的训练、比赛，使得选手们不得不选择休学甚至是抛弃学业。

对于之前获得过冠军的选手或队伍，虽然技术上出类拔萃，但是却因文化水平无法胜任高校教师职位。职业选手无法胜任高校教师职业，有资历担任高校教师职业的人又对电子竞技理解不透彻，无法教学，这就造成了师资短缺现象。我国现阶段高校教师（教授等需要年限的高级职称人员除外）年龄趋于年轻化，但其所涉及的电子竞技方向的知识特别少。

电子竞技作为一门复合性专业，虽然归属于体育与教育之下，但是涉及多门学科，所以有些课程是职业选手无法胜任的。作为新兴的电子竞技专业，其所需要的是多元化的，多角度的，更是多领域的人才。正是其人才培养要求是多方位的，也就要求教师的多元化，不能出现教与学专业不符的现象。虽然心理学、管理学、信息技术学等学科老师师资丰富，但是都属于单方向教师，无法胜任电子竞技教学中的教师职责。

（二）学生问题

在电子竞技教学中，"学"主要突出在两个方面：学什么，怎么学。在这两个方面又应该注意的基础问题是这个专业到底是干什么的。

学生不清楚专业内涵导致无法按照正常的教学程序进行学习，这种情况严重影响了电子竞技专业的深入发展。在学习过程中，不仅要让学生明白电子竞技的定义以及与其他学科的区别，还要知道电子竞技行业在我国的发展情况以及发展前景。

从目前来看，所出现的问题有学生年龄问题和学生数量问题。

1.学生年龄问题

职业电子竞技选手的巅峰期在16~22岁之间，这个年龄阶段选手的心智发育并不成熟，却因为训练和比赛不能接受更高层次的文化教育，导致职业选手文化素质较低。电子竞技专业职业选手的学习方式可以借鉴体育各类职业运动员，比赛训练之余学习或者退役后学习。但是，这也造成在团体学习时，学生的年龄不均，教师难以照顾每一位同学。学生年龄问题主要表现在：与职业选手巅峰年龄相冲突、学生年龄不均。电子竞技专业的主要培养人才方向是管理与运营方面，如果职业运动员需要学习这个方面的内容就只能在其巅峰期之前或之后学习，但由于巅峰期之前要进行比较艰苦的比赛、训练等内容，所以大部分职业选手会选择在巅峰期之后学习系统的电子竞技专业管理以及商务运营知识，造成部分学生年龄差距较大，不易于统一管理。即使不是职业选手，普通学生在升学至高校的年龄都处于好玩、爱玩的时期，此年龄段学生虽然有一定的自我控制和自我调节能力，但由于世界观、人生观并不成熟，很容易出现盲目跟从现象，逐渐沉迷游戏。

2.学生数量问题

开设电子竞技专业的高校数目较少导致招收学生的数量也较少。但是目前来看，电子竞技行业急需要人才的补充。学生数量较少会影响电子竞技行业的发展与进步，也会影响到电子竞技专业的深入和发展。分析后发现，学生数量较少的原因是多方面的：家长的不认可、社会响应较少、电子竞技专业的起步阶段、开设电子竞技专业学校较少、师资力量薄弱等。

（三）教材与电子竞技资料问题

目前所出现的教材问题主要是：数量较少，丰富程度低。由于电子竞技专业刚成立不久，其教材十分稀少，现在部分学校在教学时采用的教材都是由本校教师自己找到的"合适"教材。目前最大的困难，是整个专业没有现成的教材，教材的编写、教学方案的设计都需要"从零开始"。

就目前而言电子竞技类文献特别是纸质类电子竞技类文献太少，有的图书馆甚至一本都没有。虽然，国家体育总局把电子竞技纳为体育类项目，但是人们对其认知程度不高，归属不清。各地区教育部门都在积极寻找编写材料的合作者，力求使电子竞技专业圈子内出现百花争妍的学术氛围。其次，电子竞技专业人才培养方向使得电子竞技专业教材必须与各个学科相互结合，既要学习基础的理论知识，更要学习专业性知识。从当今学者研究电子竞技运动方面来看，如今电子竞技运动呈现出各式各样的问题，但其突出问题有两个，其一，电子竞技运动自身发展问题；其二，监管问题。

正是这些问题的出现，要求学校必须教育出专业性人才去管理监督电子竞技运动。面对这种情况，需要法学与电子竞技相结合型人才、统计学与电子竞技相结合型人才、管理学与电子竞技相结合人才等等各类型人才共同促进电子竞技运动的发展，这也就需要各式各样的"其他学科+电子竞技式"教材。

一门专业教材的丰富程度往往表明这门专业深入发展到了何种阶段，只有不断丰富教材数量，完善教材内容才能更好地发现问题，提出问题，解决问题；也才能更好地促进专业自身的发展。再者，关于电子竞技类文献大都是与产业相关，比较单一。电子竞技作为一门专业，其必定具有教育意义，况且教育对一个人的影响至关重要，但是就现在而言，关于电子竞技教育类的书籍少之又少。由于文献的不足，特别是权威文献的数目稀少，导致大多数学生分辨不清电子竞技产业与电子竞技的区别、电子竞技与网游的区别、电子竞技人才需求方向、电子竞技教育等问题。

（四）教学评价问题

教学评价是评估教学质量以及学生知识掌握程度的重要手段。在电子竞技专业方面，虽然我国部分高校已经开设此专业，但是其教学评价是不完善的。

电子竞技作为一门综合类复合性学科，其教学评价也呈现多元化的趋势。针对电子竞技专业下所开设课程采取不同的评价方式，根据小专业的侧重点不同所采取的评价方式也是千差万别的。在所有的评价方式中电子竞技的基础性课程的评价又要必须保持一致，这是由于基础性课程是学习此项专业的基石亦是地基，只有地基打好了才能保证整栋楼房的稳定性。针对电子竞技涉及的部分小专业所设计的教学评价内容。

第二节　电子竞技运动选材对策

在现代竞技运动中，以及在对运动员进行训练的过程中，人们越来越认识到运动选材对整个竞技运动的意义。甚至有言论称，"选材的成功是训练成功的一半"，这一方面说明了选材的重要性，另一方面也让人们更加全面地看待整个训练体系中对竞技运动各方面产生影响的各种因素，并对其进行积极研究，探索更为科学的运动选材过程和方法。

一、竞技运动选材的基本概念

（一）竞技运动员选材的定义

选材，根据《辞海》的解释，是指"选择合适的人才，也泛指选择适用的材料或素材"，针对运动员选材的概念，中外不同的学者对其表述也有所差别。

著名学者布特里希·哈雷认为："运动选材主要指以高度把握来预测青年运动员能否成功地完成所选运动项目的后续力量训练，以便下一步顺利地接受高级竞技训练。"苏联著名教育学博士普拉托诺夫认为："运动员选材是在所选运动项目中寻找那些有能力达到较高运动成绩的最有天赋的运动员的过程。"

《中国百科大词典》体育卷这样定义运动员选材："经符合专项运动特点和要求的多项指标和预测，准确地从小选出适合从事某项体育的人才，以提高培养成功率。"国内一些学者认为："体育运动员的选材就是在寻找和发现先天性经济能力高、后天可训练性又强的运动员。"

尽管各位学者对运动选材的表述和侧重点有所不同，但都有着很大的共性。综合他们的观点，我们可以得出结论：运动选材，就是根据科学的原理和方法，结合竞技项目的不同要求，将拥有良好运动天赋的儿童少年或后备学员挑选出来，在训练的过程中对其进行不断监控和筛选、再次选拔的过程。科学选材是根据不同运动项目的特点和要求，用现代科学的手段和方法，通过客观指标的测试，全面综合评价和预测，把先天条件优越适合从事某项运动的人才从小选拔出来，进行系统的培养，并且不断监控其发展趋势的一个过程。

（二）竞技运动员选材的作用

随着竞技运动员训练理论、技术训练能力以及战术技巧的不断提高，世界竞技体育之间的知识交流愈加密切。各国之间，尤其是体育强国之间的训练条件和训练方法的差异不断缩小，竞技运动水平很难在后天的运动条件上拉开距离。在此基础上，运动员个人的先天优越条件的重要性越来越突出。

1. 有利于竞技体育训练任务的完成

优秀运动员的训练是经年累月的，尽早地对专项运动员进行科学的选材，并对其进行预测和量身打造训练阶段和训练方法，有利于及时开始系统的长期训练过程，保证竞技目标实现的时间性。

2. 有利于竞技运动员提高成绩

大量的事实和实践显示，体育强国之所以能长期称霸体坛，和他们系统的训练体系分不开，而且各国体育技术上的差距已经渐渐缩小。能否挑选、培养一批优秀的教练员和高素质的运动员，是各个国家在体育起跑线上就能拉开的差距。采用科学的选材方法和培养体系，最大程度地挖掘、发挥运动员的先天潜能，是提高竞技运动员成绩的关键。

3. 有利于提高运动资源的利用率

对运动员进行科学的选材，一方面可以尽早发现和培养有潜力、有资质的优秀运动员，避免人才的浪费；另一方面，国家、家庭需要大量的资源培养一个运动员，科学地进行运动员选材有利于减少国家、家庭的人力、财力、物力等资源的浪费，有利于提高运动训练的整体质量和效率。运动选材的高成功率从某种程度上也意味着提高了运动员培养计划的成功性。

4. 提高竞技体育的社会地位，产生良好的社会效应

在很长一段时间内，由于对竞技体育项目实行"举国体制"，不计成本和后果地对运动员进行高强度的技能训练，忽视了对运动员的文化素质教育，导致大批运动员退役后对角色转化的不适应，造成了许多负面影响。通过科学的选材和严格的筛选程序，对有潜质的运动员进行专项重点培养，降低淘汰率，提升运动员的成材率，从而减少负面影响并产生积极的社会效应。

（三）运动选材的原则

针对运动员的选材，目的是把具有专项运动天赋、潜力，拥有在强压训练下

依然能保持稳定素质的人才挑选出来。这个过程需要在遵循科学的指导原则下进行，才能发挥最大的作用。

1. 广泛性原则

民主德国在从事多年的选材实践中总结出了一条宝贵的经验："谁想要挑选适合的少年运动员，首先必须组织尽可能多的儿童少年进行训练。"只有广泛性地进行运动选材，才能有更多的机会去发现具有运动天赋的人。确保广泛性的选材，就要对全国各个地区、各个民族的人才进行统计，做出选材计划，并严格执行。广撒网的方式在选材的初期尤为重要，有利于更早更多地发现运动人才，进行重点培养。

在广泛选材的基础上，有针对性地进行重点选材则可以避免人才浪费。例如，在经历了初期选材后，再经过筛选，淘汰一批不适宜的人选，有利于提高总体的选材效率。

2. 针对性原则

不同的竞技运动项目对运动员的素质要求也有所区别。运动选材要在广泛选择的基础上，针对竞技项目的人才素质要求，综合运动不同的选材方式、方法和内容，科学地选拔出一批适合不同项目的专项运动员。例如，在足球运动中，耐力是选材的一项重要指标，但是在射箭项目中，耐力并不是最重要的选材因素。有针对性地进行科学选材，可以在运动训练中起到事半功倍的效果，反之则可能走弯路，甚至做出一些错误判断，影响运动员的先天素质发挥。

此外，针对性原则还需要在选材中考虑一些运动员的专项能力，从选材对象的性别、年龄、个人条件的不同来考虑人才适用的专项范围。

3. 科学性原则

科学性原则是指在选材的过程中，选材的器具是科学有效的；选材的方法是经过科学检验的；选材的测试方法是有科学依据的，有统一规范的；针对测试结果的解释是客观而准确的。

无论选材的方式、方法和内容随着时间如何进行更新和改变，其中的科学性在任何时候都应该成为运动选材的指导原则。

4. 群因素分析原则

竞技运动员的竞技能力是在先天和后天这两方面条件共同作用下形成的。针对这一点，在选材的过程中，为了更加全面地进行高效率的选材，就要对影响竞技能力的各种因素进行分析，从而得出更加客观的结论。

在运动选材的初期，先天的素质因素更受重视。但是在后期的选拔过程中，会对运动员的后天运动能力进行客观测量和分析。例如，我国著名乒乓球运动员邓亚萍，她的身高不高，在初期选材的过程中并没有被看中，但是在后期的训练中，她身上爆发出的惊人实力弥补了先天条件，从而在比赛中取得了辉煌的成绩。所以，先天因素并不是制约一个人运动能力的唯一因素，要科学、客观地面对选材中的各类因素，进行理性的分析和取舍。

5. 经济性原则

运动选材涉及大量的工作人员和多项支出，在选材的过程中应当做好科学统筹，最大利用率地进行人员安排和时间规划，减少不必要的支出，提高选材效率。

二、电子竞技运动选材的要素

（一）决定电子竞技能力的主要因素

竞技能力就是指运动员在竞技运动中表现出的能力，电子竞技运动能力是指电子竞技运动员参加训练和在赛场上发挥出的竞技能力。不同的竞技项目对运动员的竞技能力的要求也不尽相同，但是，无论是哪一种竞技项目，决定其竞技能力表现的主要因素都是在专项运动中表现出的体能、技能、心理能力、战术能力和知识能力。

运动员竞技能力的构成直接影响在运动选材中对运动员个人因素的考量，运动选材要切合专项运动竞技能力的需求，分阶段地提出选材要求，制定选材模式。

（二）影响电子竞技运动选材的主要因素

经过学者们的不断研究，发现影响运动选材的主要因素包括以下四个方面：

1.待选对象的个人因素

待选对象的个人因素包括遗传素质、年龄（包括日历年龄、生物年龄和训练年数）、形态、心理特征、运动体能和机能、运动技术、运动战术以及智力和思想品质。

2.各选材、训练层次之间的衔接

各选材、训练层次之间的衔接主要是指选材对象要适应运动队更新的节奏。在一支竞技队伍中，总会有新老交替的情况，所以在训练过程中需要有几个梯队进行更换补充。为了保持一支竞技队伍的高水平，就要使处于高峰期的队员替换那些在更新期的队员，由低层次的队伍向高层次的队伍输送补充队伍，淘汰一些高层次队伍中不适应的队员，使队伍的整体水平保持稳定。

3.选材人员的能力水平

选材人员的能力水平包括多学科的理论知识储备、关于运动选材的基础知识、选材过程中的实践操作能力、专项或多项运动理论及实践知识以及各个相关学科人员的配合。

电子竞技作为一个比较年轻的体育项目，以及社会评价的负面因素较多等各方面因素，阻挡了大量高素质、高水平的人进入这一行业，电子竞技产业的大部分从业人员专业度不够，也是制约电子竞技运动选材的一个重要原因。

4.选材的物质条件因素

选材的物质条件因素包括各项用来进行测评预测的仪器设备，投入选材的人力、物力、财力，组织机构、社会、家庭、环境因素的影响以及生活、学习和训练条件等因素。

三、电子竞技运动选材的方法

在电子竞技选材的过程中，除了要依照科学的选材原则，认真、严格地考查对选材产生影响的各种因素，还要运用科学的选材方法，这些都是保障电子竞技选材顺利展开的重要因素。

电子竞技运动选材不仅涉及自然科学方面的知识，并且在运用了生物科技、社会科学手段乃至心理学知识的基础上，使用科学先进的设备和仪器对选材涉及的各项参数进行测量，并对测量结果进行预测和客观解释。这是一整套有组织的方法措施系统，需要参与人员对选材方法的基本结构、选材方法以及选材的程序都有所了解。

（一）电子竞技运动选材方法的分类

电子竞技运动选材有很多种方法，而且在实际运用的过程中会综合使用多种选材方法。这里提出的方法分类只作为学术理论方面的分类，实际选材过程中，要结合选材的实际情况，选取集中适合的方法进行综合使用，提高电子竞技选材的成功率。

第一，按照电子竞技运动选材的基本因素，可以把选材分为遗传选材法、年龄选材法、体型选材法、身体素质选材法、生理机能选材法、生化特征选材法、心理选材法以及运动技能选材法。

第二，按照选材发展的科技水平，可以把选材方法划分为经验选材法、溯源选材法以及科技选材法。

经验选材法是运用过去选材成功的经验以及失败的教训，来总结、提升出的选材方法。在电子竞技选材初期，大多数俱乐部都是运用这种选材方法。

溯源选材法是针对优秀的电子竞技运动员选手进行溯源分析，并据此来制定选材模式，对电子竞技预备运动员进行选材的方法。

科技选材法，又称为科学选材法，是运用科学的选材测量手段，通过对测量数据的客观分析来对电子竞技运动员进行选材的方法。

第三，根据选材学科领域的不同，可以把选材方法分为单学科选材法和多学科综合选材法。

单学科选材法包括遗传学选材法、形态学选材法、生理学选材法、心理学选材法、医学选材法、生物学选材法、专项选材法、环境选材法、社会学选材法以及预测学选材法等。

多学科综合选材法包括多因素选材法、分阶段选材法以及模式选材法等。

第四，根据选材的层次不同，可以将选材方法划分为初级选材阶段选材方法、中级选材阶段选材方法以及高级选材阶段选材方法。其中，高级选材阶段选材方法也是一种高级选拔阶段的选拔方法。

（二）电子竞技选材的层次和阶段

选材层次和选材阶段是两个不同的概念。选材层次是指以行政管理层次不同而区分的选材类别的高低和前后的顺序位置，例如俱乐部中经常会区分的一队、二队等。选材阶段是指选材过程中的不同阶段，不同的选材阶段和层次对应着不同的选材任务和选材要求，掌握选材层次和阶段中的任务和考核方法以及分析结果，可以对整个选材过程有一个直观整体的了解，有利于进一步明确各个层次、阶段的特点、任务以及相互之间的练习。

1.初级（基础）选材层次

初级（基础）选材是电子竞技运动选材的基础层次，主要是通过对选材对象先天的、不可控的以及相对稳定的因素进行考量和测评，用以揭示电子竞技选材的发展前景，对电子竞技运动选材对象进行第一轮的挑选。

（1）初选阶段

在这个阶段，主要了解选材对象的运动能力的天赋条件，广泛地对电子竞技运动人才进行测试和评价。主要了解的内容有遗传、发育程度、运动员形态和技能测评、心理能力测评以及对方详细的家庭环境，并对家长正确解释运动员的可训练性以及参加训练对未来生活、学习的影响。

（2）复选阶段

在训练中进行考察和评价，进一步验证电子竞技运动员的天赋条件，对各项选材因素进行深入的预测和评估，并对比初选时期的运动表现，做出直观的成绩提高幅度图，根据对运动员的承受能力增加训练量，测量运动员的竞技潜力。

（3）定向阶段

这一阶段，主要根据电子竞技运动员在初选和复选中表现出来的兴趣爱好和能力特长以及个人的风格等内容，对运动员的专项项目进行定向培养。让运动员明确自己在战队中的任务和位置，根据位置的要求做出专项训练计划，确认电子竞技运动员的发展方向。

（4）决选阶段

经过以上三个阶段的实践考察，在对电子竞技运动员的全面评估和预测的基础上，最终确定电子竞技运动员的入选对象。对于这一阶段的电子竞技运动员，通常要考查以下几个方面的成绩：

①现有的成绩水平。通过各种手段确定电子竞技运动员是否拥有足够好的成绩，在此基础上还要考查运动员的成绩是否超过运动员的平均水平，是否具备了与竞技能力相适应的身体能力，是否有战术意识和较强的战术水平，身体负荷力和心理负荷力是否能承受较强的训练强度等内容。

②成绩提高的速度。进入决选阶段的电子竞技选手，在成绩提高速度上要高于一般的电子竞技选手，这样才能更快地进入更高的竞技等级，并且能快速地发展电子竞技运动所需要的心理能力和知识能力等。

③维持高水准成绩的稳定性和继续提高竞技成绩的潜力。保持成绩的稳定性对于电子竞技运动员的整个职业生涯有着重要的意义，只有这样才能不断刷新自己的成绩记录，并在此过程中保持稳定的心理能力。

④选手的动机。从初选进入专业训练，选手在高强度的负荷与压力下心态和动机多少都会有一定的改变。有的选手从"希望成为一个竞技高手"的内部动机，转变为"为了高额奖金"的外部动机，也有为了逃避原有的环境的选手而转变成一个为电子竞技产业的进步而奋斗的选手，这些动机对电子竞技活动的水平发挥都有着不可低估的影响。

2.中级和高级选材（选拔）层次

中级和高级选材（选拔）层次是选材的高级层次，在这个层次中，选材的主要任务是选出优秀的电子竞技运动员。在这一层次的测评中，对电子竞技运动员先天的、相对稳定的因素比例相对减少，测评的内容主要集中在电子竞技运动员后天的、相对变化的因素，比如战术能力、心理能力、技术能力和知识能力等。随着选拔层次的提高，针对运动员的选材标准就越高，测评以及考查的内容更为全面且细致。

四、电子竞技运动选材的程序

认识到电子竞技运动选材的重要性之后，就要对电子竞技运动选材的过程进行科学的设计和控制。这一过程包括确定选材目标、建立选材模式、制定选材计划、实施选材计划以及总结检验等几个环节。

（一）确定选材目标

选材人员根据电子竞技运动的特点以及电子竞技运动员的现状进行调查，初步确定备选人员的人数、年龄、性别等，并对他们的未来发展做出预测，根据以上几个方面的分析做出本次选材的预测结果。

（二）建立选材模式和模型

选材模式是指入选的运动员应该达到的具体要求和标准，这种模式的系统描述被称之为模型。在有了明确的选材目标之后，建立起各级高素质、优秀运动员的模型，根据这个模型对选材对象进行筛选。

（三）制定选材计划

制定一个完善的选材计划，不仅要对选材目标和选材模型进行分析，还要对影响到电子竞技运动选材的其他因素进行全面考虑。

（四）实施选材计划

在这一阶段，要根据选材计划的要求成立相应的选材组织，进行人员分配、明确分工，还要按照科学的步骤安排专业人员对选材对象进行测试、分析、评估，并及时根据反馈结果调整选材计划。

（五）总结检验

第一，为了对选材结果负责，需要对选材对象进行再一次评价，检验所选的人才是否就是电子竞技运动所需要的人才。

第二，在选材过程中，需要不断修正原有的选材模型，使选材模型更适应电子竞技运动的发展和需要。

第三，在选材过程中，要对选材的测试内容和各项指标进行总结和检验，使之更加科学、更加客观。

第四，要对选材方法进行总结和检验，并把检验的经验融入下一次选材中。

第五，对选材机构的工作也要进行总结和检验，要求选材机构提供更高效便捷的选材方式，并检验选材机构人员的结构是否合理、科学。

第六，针对选材过程中使用的仪器、设备、测试等工具以及运用这些工具的程序进行经验总结和检验，不断维持、更新这些仪器、设备和测试手段的稳定性和一致性。

第七，要对预测理论、预测方法进行总结和检验，确保其准确性、经济性以及可行性。

五、我国电子竞技的选材对策研究

中国的竞技运动选材起步比较晚，在学习了国外先进理论的基础上，结合本国实际，同时在选材过程中运用了一系列多学科的科技手段，形成了一个相对完善的体系。但是，由于电子竞技运动的发展经历了许多波折，社会总体上对电子竞技运动存在一定的误解，再加上电子竞技选材与传统体育竞技相比有一定的特殊性，种种原因使得电子竞技运动选材还处在一个探索的阶段。

（一）我国电子竞技运动选材中存在的问题

1.社会主体对电子竞技的误解

电子竞技在一段时间内被社会大众认为等同于电子游戏，背负了"电子鸦片"的骂名，人们过于重视电子竞技的娱乐性而忽视了电子竞技的竞技性和教育性，导致在最初的一段时间里，电子竞技运动员都被视为"叛逆"和"异类"。直到许多坚持不懈的电竞人在电子竞技比赛中夺得了多项国际冠军，人们才开始认识到，电子竞技也是一项可以为国争光的体育运动。随着电子竞技行业的不断发展，电子竞技作为一门学科在多家高校落地，尤其是2016年中国传媒大学南广学院首次将电子竞技纳入本科教育体系，再一次引发了人们对电子竞技的思考。虽然目前来看，大部分人已经承认了电子竞技的体育性，并且对这一行业投入了从业的热情，但是愿意投身电子竞技的运动员人数还只是一小部分。

2.教育、体育部门对电子竞技选材不够重视

中国目前还没有一个专门的机构对电子竞技俱乐部进行规范管理，此处相关部门多指电子竞技俱乐部，由于俱乐部的收入大多来源于各大赛事的奖金，俱乐部的领导为了最大程度地为俱乐部获得社会财富，往往在电子竞技运动选材上，只进行短期的培养计划，缺乏大局考量和对长远利益的思考，这导致在选材工作上重视程度不够，在培养和输送人才的过程中，由于选材工作的随意性较大而引发高淘汰率。除此之外，在俱乐部担任选材工作的大多是由俱乐部人员兼职，缺乏专门的选材人员。并且在电子竞技运动员的选材过程中，对技能的选材重视度远远超过其他的选材因素，导致了电子竞技运动员素质水平的整体程度不高。

3.电子竞技运动选材研究起步晚

由于电子竞技是个新兴的产业，针对电子竞技运动选材的研究还处于一个探索阶段，各大俱乐部对电子竞技运动选材的工作局限在技能、体能以及年龄等基本的指标测试方面。对电子竞技选材过程中的心理选材，以及可以运用到选材中的各项设备的认识还不够深入，这些都对电子竞技运动选材工作的开展产生了一定的影响。

4.电子竞技运动选材的理论体系不够完善，理论和实践结合不够密切

竞技运动的科学选材在无数学者的研究和探索中已经形成了一个新的综合性学科——运动选材学。虽然对竞技运动员选材的一些基本概念和相关因素的研究已经形成了一定的知识结构体系，但在科学选材的手段、方法以及相关理论上还有许多研究空间，不同的专项运动对应不同的选材体系，在运用的过程中又会面临理论和实践结合得不够密切的情况。因此，电子竞技选材在这种形势下，没有现成的理论可以"拿来"使用，只能在实践的过程中不断结合之前的选材经验并借鉴学习其他的竞技运动选材理论。

（二）我国电子竞技运动选材的策略思考

1.相关部门提高对电子竞技运动选材的战略认识

目前，俱乐部在选材工作上承担大部分的责任，因此，俱乐部的领导要提高对电子竞技运动选材的重视程度，从选材机构的组建到人员配备、经费落实、制度完善等方面，全方位地监督选材任务的科学开展。

2.加强电子竞技运动选材的管理工作

选材机构要设立专门的部门、配备专门人员管理电子竞技运动员的档案，负责电子竞技运动员的调动和转回工作；密切关注选材对象在训练过程和比赛过程中的表现；在不同的选材层次和阶段要对选材对象进行区别管理，定期整理不同层次的训练情况和后备人才培养输送情况。并且运用科学的管理手段，综合运用多种、多层次的管理方法，使得选材程序科学化。

3.在选材过程中重视教练员的经验

优秀的教练员会在选材和训练的过程中积累许多宝贵的经验，并且有许多实践空间可以反复检验这些经验的可取之处。教练员在选材和实践的过程中，通过对不同电子竞技项目的观察和实践，可以总结出一些通用的经验和专项的经验，将这些经验运用到选材的过程中，可以达到良好的效果。因此，在选材的过程中，要适当地运用教练员的经验。

4.选材和育才相结合

从通过选材到成功地成为一名优秀的电子竞技运动员，这需要经历一个漫长的训练阶段。选材是一个过程，运动员在选材和训练的过程中会发生变化，有些变化往往出人意料。部分在选材初期被看好的运动员可能在一段时间之后因为种种原因被淘汰；也有一些条件不太理想的运动员在训练的过程中爆发出惊人的潜力。选材只是漫长的训练过程的开端，只有把选材和育才结合起来，才能使运动员充分发挥自己的潜力，取得优秀的竞技成绩。

虽然中国在国际电子竞技比赛上取得了许多令人骄傲的成绩，但是也应当正视中国与电子竞技运动发达国家之间在电子竞技运动员选材、训练和培养方面的差距。正确认识科学选材在电子竞技运动中的重要性，建立起系统科学的选材、育才体系，才能使中国的电子竞技运动长盛不衰。[①]

第三节　电子竞技运动教学发展对策

一、引进电竞发达国家教师人才

我国目前电子竞技专业教师缺乏，短时间内培养出一批电子竞技专业教师是不可能的，为了保证电子竞技专业在我国快速发展，可以引进欧洲、韩国等电子竞技发达国家人才来我国从事教师职业抑或是客座教授。但引进时要保有"宁缺毋滥"的思想，引进外来电子竞技人才教学更是为了我国电子竞技行业的发展，不得肆意引进。引进人才不仅是为了缓和我国电子竞技教学领域现有的窘状，更是提升我国电子竞技运动发展的绝佳思路；与其说引进人才不如直接说引进成熟先进的电子竞技理论。

二、培养我国电子竞技优秀人才

单一的引进人才具有时效性，要使我国电子竞技专业可持续发展需要加速培育出一批我国本土的优秀教育人才。培育出我国本土的优秀电子竞技人才不光是解决我国电子竞技运动所遇到的人才短缺情况，更是因为只有他们才清楚电子竞技运动在我国发展所需要的东西。为了尽快使我国本土电子竞技专业教师的数量增加可以从退役或是优秀的电子竞技选手或玩家着手。秉持着无德无才不用，无德有才不用，有德有才重点使用的原则培养，弥补我国优秀电子竞技人才由于早期训练、比赛等原因所耽搁的文化素质学习时间，提升他们的文化教育水平，促使他们成为电子竞技专业教育型人才。

三、加速教材的引进与开发

引进外国先进的电子竞技教材并与我国实际情况相结合可以缓解这种教材短缺、单一的现状。政府或有关部门应积极推动电子竞技专业教材的开发，投入资金大力开展关于电子竞技专业教材的研究。在教材开发方面，应多借鉴其他电子竞技发达国家的教材和先例，不断完善，不断创新。

---

①恒一主编.电子竞技概论［M］.南京：江苏人民出版社，2017：32—33.

四、丰富权威性电子竞技书籍、文章等文献资料

不断丰富电子竞技文献资料不仅可以推动电子竞技专业的深入发展，电子竞技行业的快速提升；使学生更深刻、更清晰、更深入地认识电子竞技，让社会对电子竞技有一个正确的认识。不论任何一门学科或专业，文献资料的极大丰富对学科或专业发展都是十分有利的。政府和各有关部门应该鼓励、推崇研究者对电子竞技方面文献的丰富，特别是权威性的教材和专著。文献资料的穿越速度越来越快，裂变式的信息传播下，还要加强对网络等各种平台的虚假信息的审核和考究。

五、培养现役电子竞技运动员

现役电子竞技运动员由于训练、比赛等缘故无法按照正常的教育程序进行课程学习，对这种情况应采取特殊待遇。可以借鉴体育类其他项目职业运动员的学习安排，以保证其既学技术又学知识。开设此专业的高校应主动与运动员交流，安排学习时间；相关部门应鼓励职业运动员入学考试、学习。各高校在对电子竞技运动员培养时也应该采取多元化培养方案，以竞技技术为主，以电子竞技各领域为辅的教育思路，使电子竞技运动员在退役之后仍能补充电子竞技行业其他领域的人才缺失。

第四章 电子竞技运动教学原则与方法

第一节 电子竞技运动的教学原则

一、自觉积极性原则

（一）自觉积极性原则在电子竞技教学中的作用

自觉积极性原则在电子竞技教学中起着重要的作用。电子竞技作为一种新兴的教育形式，注重培养学生的自觉积极性，使其在学习和实践中能够主动参与、积极思考和自我调节。

首先，自觉积极性原则能够激发学生的学习兴趣。电子竞技作为一种富有创造性和挑战性的活动，能够吸引学生的注意力和兴趣。通过培养学生对电子竞技的热爱和追求，可以激发他们主动学习的动力，提高学习效果。

其次，自觉积极性原则能够促进学生的自主学习。在电子竞技教学中，学生需要主动参与和探索，通过自主学习来提高自己的技能和能力。通过培养学生的自觉积极性，教师可以引导学生自主制定学习目标、制定学习计划，并在实践中不断调整和完善，从而提高学生的学习效果。

此外，自觉积极性原则还能够培养学生的自我调节能力。在电子竞技教学中，学生需要不断反思和调整自己的学习策略和方法，以适应不断变化的竞技环境。通过培养学生的自觉积极性，教师可以引导学生学会自我评价和调整，提高他们的自我管理和自我控制能力。

总之，自觉积极性原则在电子竞技教学中起着重要的作用。通过培养学生的自觉积极性，可以激发学生的学习兴趣，促进学生的自主学习，培养学生的自我调节能力。在电子竞技教学中，运动员大多是年轻的，是手、脑的巅峰期同时也是成长的叛逆期，所以教学组织工作比较困难，没有自觉的主动性是不可能。

（二）自觉积极性原则的教学方式

1.激发运动员求知欲

激发电子竞技运动员的求知欲是非常重要的，因为这将有助于他们不断提升自己的技能和知识，从而在比赛中取得更好的成绩。

首先，为了激发运动员的求知欲，我们可以提供丰富的学习资源。这包括提供专业的培训课程、教材和在线学习平台，以帮助运动员深入了解游戏的规则、策略和技巧。此外，我们还可以邀请专业的教练和选手来进行讲座和指导，分享他们的经验和知识。

其次，可以组织各种比赛和挑战赛，以激发运动员的求知欲。这些比赛可以是个人赛、团队赛或者跨学科的比赛，旨在鼓励运动员不断学习和尝试新的策略和技巧。通过参与这些比赛，运动员可以与其他优秀的选手交流和竞争，从中学习和成长。

此外，还可以建立一个积极的学习氛围，鼓励运动员互相学习和分享。可以组织定期的讨论会和学习小组，让运动员有机会交流彼此的学习心得和经验。同时，我们也可以鼓励运动员参与社区活动和志愿者工作，通过与其他人合作和互动，拓宽他们的视野和知识。

最后，还可以提供奖励和认可机制，以激励运动员的求知欲。可以设立学习成绩奖励、技能提升奖励等，以鼓励运动员不断学习和进步。同时，我们也可以定期评估和认可运动员的学习成果，例如颁发证书或荣誉称号，以鼓励他们继续努力学习。

总之，激发电子竞技运动员的求知欲是一个综合性的工作，需要提供丰富的学习资源、组织比赛和活动、营造积极的学习氛围，并提供奖励和认可。通过这些措施，我们可以帮助运动员不断提升自己的技能和知识，取得更好的成绩。

2.引导直接学习动机转向间接

与学习活动直接相关的动机称为直接学习动机和实践学习动机。在电子竞技教学中，要注重教学方法的生动，从而引起运动员的注意，使他们在获得精神满足的同时不断获得知识和技能，从而激发运动员的学习主动性。

但是，直接学习动机是短期的，容易随客观条件的变化而改变。因此，教师在教学过程中应逐步将直接学习动机转变为间接学习动机。如果将直接学习动机定义为短期目标，那么间接学习动机可以定义为长期目标，其吸引力在于学习的社会意义。这种学习动机来源于运动员的理想和长期奋斗的现实。这种学习动机深刻而有意义，可以引导运动员长期的学习倾向。因此，在教学中应反复进行学习目的教育，揭示电子竞技的社会意义和价值，使运动员明确电子竞技的重要性，制定自己的发展规划。如果在每次教学中都解释锻炼的意义、作用和方法，让运动员知道为什么，这样就可以促进运动员从直接动机向间接动机的转变，从被动的学习和训练向自我意识的转变。

3.及时反馈训练结果

及时反馈电子竞技训练结果对于提高选手的技术水平和竞技能力非常重要。以下是几个原因：

（1）促进学习和成长：及时反馈可以帮助选手了解自己在训练中的表现，包括技术的优势和不足之处。通过了解自己的弱点，选手可以有针对性地进行训练和改进，从而提高自己的技术水平。

（2）提高竞技能力：及时反馈可以帮助选手了解自己在比赛中的表现，包括战术的成功和失败。通过分析比赛录像和数据，选手可以发现自己的战术问题，并及时调整策略，提高自己的竞技能力。

（3）增强团队合作：及时反馈不仅对选手个人有益，对整个团队也非常重要。团队成员可以通过观察和分析彼此的表现，互相学习和借鉴，从而提高整个团队的竞技水平和团队合作能力。

为了实现及时反馈电子竞技训练结果，可以采取以下措施：

（1）使用数据分析工具：通过使用数据分析工具，可以收集和分析选手在训练和比赛中的数据，包括击杀数、死亡数、伤害输出等。这些数据可以帮助选手和教练了解选手的表现，并进行针对性的训练和改进。

（2）观看比赛录像：将比赛录像提供给选手和教练观看，可以帮助他们回顾比赛中的表现和战术，发现问题并进行改进。同时，可以通过比赛录像进行战术分析和对手研究，提高竞技能力。

（3）实时反馈系统：建立一个实时反馈系统，可以在训练和比赛过程中即时提供选手的表现和数据。这样，选手和教练可以及时了解选手的状态，并进行及时的调整和指导。

总之，及时反馈电子竞技训练结果对于选手的成长和团队的竞技能力提升至关重要。通过采取相应的措施，可以实现及时反馈，帮助选手不断提高自己的技术水平和竞技能力。

4.发展兴趣

当运动员对学习内容感兴趣时，他们就会集中注意力，产生积极的情绪，运动员一旦对学习产生了兴趣，就会充分发挥学习的主动性和积极性。强烈的兴趣往往会成为运动员刻苦训练的强大动力。注意是人的心灵对某一事物的定位和集中，注意的心理过程是对事物的反映。注意可以分为两种：无意的和有意的。无意性是由条件刺激或个人偏好所产生的，属于本能的、无意识的目的。而有意注意通常有强制的含义，由于某种需要采取注意。

在电子竞技教学中，对自己感兴趣的内容，自觉主动地学习，可以取得良好的效果。兴趣是注意力的来源，有规律的注意也能引起对某一主题的兴趣。在教学中，教师必须能够善于使用运动员的直接兴趣，合理组织教学，激发运动员练习一些无兴趣，但有训练价值的内容，灵活安排教学内容，使用合理和有效的，各种形式的教学方法和手段来培养运动员的兴趣，同时，加强思想教育，使其明确学习目标，采取正确的态度。

二、循序渐进原则

（一）教学内容的系统性

教学内容的组织应严格遵循教学大纲体系和教材体系。教学大纲具有一定的灵活性，可以根据实际情况选择部分教材内容，注重连贯、新旧知识衔接、主次区别。区分难与易，做到清晰、层次分明、突出，使整个基础教材和选用教材形成一个完整的体系。

（二）遵循认知规律

人们对客观事物的认识，是一个从简单到复杂、从低到高、从直观到抽象的"顺序"过程，人们不可能一步到位地认识到任何事物的本质。因此，教学必须遵循这一基本过程，从现象到本质，层层递进，系统连贯，这样才能保证运动员掌握知识的系统性和整体性。运动时间表的周期性变化受人体生理功能的制约，受条件反射、分析和合成的逻辑思维规律的控制。掌握动作技巧，是一个从简单到复杂的循序渐进的过程。

（三）因材施教

不同的运动员有不同的基础和学习能力。教师可以根据运动员的实际情况和需求制定不同的学习计划，并严格执行。

另外，在全面实施纲要的过程中，要把握好重点，把握主要矛盾，突出重点，加快由量到质的渐进过程。通过循序渐进的有计划、有针对性的训练，使运动员循序渐进地掌握知识，养成有计划的学习习惯。

（四）训练负荷要循序渐进

在安排训练负载的时间、频率、强度和总量时，应注意逐步增加。教师应按时间、地点、人等因素，把握负荷的节奏。

三、运动员主体性原则

由于电子竞技课程的实用性和工具性，教练员应贯彻以运动员为主体的原则，正确分析运动员的个体差异，根据运动员的不同情况采取最适合的教学策略。

（一）运动员主体的因素分析

根据马尼兹等人的研究结果，影响运动员利用信息技术自主学习的主要因素和个体学习差异有三个：一是意识和情感；二是学习独立性；三是规划决策与学习强度。在此基础上，运动员在线学习倾向具有四种类型，即变通型、实干型、顺应型和逆反型。

（二）贯彻时应注意的问题

在电子竞技教学过程中，应注意运动员的不同基础水平，尊重运动员的不同兴趣、学习倾向和特点，尊重运动员解决问题的不同方式。为使基础差的运动员快速进步，应给予更多的鼓励和帮助，有针对性地进行辅导或采用异质分组的方式组织教学。

四、操控技能与人文精神共同发展原则

电子竞技是一项新兴的体育运动，我国目前还没有统一的课程规划。电子竞技课程往往被划分为实用技术领域和综合领域，导致许多教练员和教育管理者一般将其视为技能课程，只注重运动员技术能力的培养。电子竞技比赛是通过网络进行的，它提倡奋发图强的电子体育文化，并逐渐成为一个让人们相互理解、相互沟通、相互比较的沟通工具，有着深刻的文化内涵和内容。因此，电子竞技课程的教学必须遵循技能、能力和人文精神共同发展的原则。

（一）目标任务要兼顾技术与人文

电子体育不是传统意义上的娱乐，而是具有现代竞技体育内涵和人文精神的网络游戏。它是电子竞技运动员之间智慧的较量，是运动员之间勇气和心理素质的较量。

电子竞技中使用的软硬件设备知识是课程传播的教学内容，而电子竞技的意义、功能和局限性属于人文领域。应该有意识地指导运动员了解电子竞技体育的社会责任和相关的法律、道德伦理、责任、健康、安全等竞技习惯。

（二）电子竞技运动学习中的社会人文问题

电子竞技运动的兴起和发展，不仅仅是一项技术和竞技能力的展示，也涉及许多社会人文问题。在电子竞技运动的学习中，人们需要关注以下几个方面的社

会人文问题。

（1）电子竞技运动的学习涉及教育和培训的问题。随着电子竞技的普及，越来越多的人选择将其作为职业发展的方向。因此，如何进行有效的教育和培训，提高选手的技术水平和竞技能力，成为一个重要的社会问题。这不仅需要有专业的教练和培训机构，还需要有完善的教育体系和培训机制，以确保选手能够获得全面的技术和战术指导。

（2）电子竞技运动的学习涉及职业规范和道德伦理的问题。与传统体育运动一样，电子竞技运动也需要有一套行业规范和道德准则来约束选手的行为。这包括对于比赛公平性的要求、对于选手行为的规范、对于荣誉和尊重的追求等。只有通过建立健全的职业规范和道德伦理，才能够保证电子竞技运动的公正和可持续发展。

（3）电子竞技运动的学习涉及文化交流和多元化的问题。电子竞技是一项全球性的运动，各个国家和地区都有自己的电子竞技文化和风格。在学习电子竞技的过程中，人们需要了解和尊重不同文化的差异，促进文化交流和多元化的发展。这不仅可以丰富电子竞技的内涵，还可以促进不同国家和地区之间的友好合作和交流。

（4）电子竞技运动的学习涉及社会认可和价值观的问题。尽管电子竞技在年轻人中越来越受欢迎，但在一些传统观念较为保守的人群中，仍存在对电子竞技的质疑和偏见。因此，如何提高电子竞技的社会认可度，让更多人了解和接受电子竞技的价值，也是一个重要的社会人文问题。这需要通过宣传和教育，改变人们对电子竞技的刻板印象，让他们认识到电子竞技不仅仅是一项娱乐活动，更是一种具有竞技性和创造性的运动。

总之，电子竞技运动的学习中涉及了许多社会人文问题，包括教育和培训、职业规范和道德伦理、文化交流和多元化、社会认可和价值观等。只有通过解决这些问题，才能够推动电子竞技运动的健康发展，让更多人受益于电子竞技的魅力。

五、电子竞技运动的训练原则

电子竞技训练过程的发展和变化是有规律的。电子运动训练规律是训练过程中不可避免的、稳定的关系，是运动训练系统内部组成之间以及它们与外部因素的结构和功能之间的本质关系和发展趋势。培训原则是根据人们对培训规则的理解来制定的。电子竞技运动的训练原则在训练理论中起着特别重要的作用。为了使训练顺利进行，教练员不仅要掌握训练规则，还要掌握在训练活动中应遵循的一系列训练原则。

（一）动机激励原则

1.动机激励原则的理论基础

（1）电子竞技运动员的成功动机

电子竞技运动员的成功动机可以从多个方面来解释。首先，对于许多电子竞技运动员来说，他们对游戏本身的热爱和激情是他们追求成功的主要动力。他们对游戏的深入了解和技术的不断提升，使他们能够在比赛中展现出色的表现，并取得胜利。其次，电子竞技运动员的成功动机还来自对竞争的渴望。他们喜欢与其他顶尖选手进行较量，通过比赛来证明自己的实力。他们对胜利的渴望驱使他们不断努力训练和提高自己的技能，以在比赛中取得优势。此外，电子竞技运动员的成功动机还可以源于对团队合作的重视。在电子竞技中，团队的配合和默契是取得胜利的关键。许多电子竞技运动员将团队的成功视为自己的成功，他们愿意为了团队的荣誉而付出努力。最后，电子竞技运动员的成功动机还可以来自对成就感的追求。当他们在比赛中取得好成绩或赢得冠军时，他们会感到满足和自豪。这种成就感驱使他们继续努力，不断追求更高的目标。

电子竞技运动员的成功动机是多方面的，包括对游戏的热爱和激情、对竞争的渴望、对团队合作的重视以及对成就感的追求。这些动机共同驱使他们不断努力，追求成功。

（2）电子竞技运动员培训过程的长期性

电子竞技运动员的培训过程是一个长期性的过程，需要经过持续的努力和训练才能取得进步和成就。

①电子竞技运动员需要建立坚实的基础。他们需要掌握游戏的基本规则和操作技巧，了解游戏的战略和战术。这需要花费大量的时间和精力来学习和练习，以便能够熟练地操作游戏并做出正确的决策。

②电子竞技运动员需要不断提升自己的技术水平。他们需要通过不断的练习和反思来改进自己的游戏技巧，提高自己的反应速度和操作能力。这需要他们投入大量的时间和精力，不断地与其他高水平的选手进行对抗，以便能够在竞技场上取得优势。

③电子竞技运动员还需要培养自己的团队合作能力。在电子竞技中，团队合作是非常重要的，选手需要与队友密切配合，共同制定战略和执行战术。为了培养团队合作能力，选手需要参加团队训练和比赛，与队友进行沟通和协作，不断提高团队的默契度和配合度。

④电子竞技运动员还需要保持良好的身体和心理状态。电子竞技是一项高度竞争的运动，选手需要保持良好的体能和心理素质，以应对长时间的比赛和高强度的压力。为了保持良好的状态，选手需要进行适当的体育锻炼，保持良好的饮

食习惯，同时还需要学会调节自己的情绪和压力，保持积极的心态。

电子竞技运动员的培训过程是一个长期性的过程，需要持续的努力和训练。只有通过不断的学习和提升自己，才能在电子竞技的舞台上取得成功。

2.贯彻动机激励原则时应注意的问题

（1）电子竞技设定正确的目标和价值观

电子竞技作为一项竞技活动，同样需要设定正确的目标和价值观。以下是一些关于电子竞技设定目标和价值观的建议：

①追求卓越：设定目标时，应该追求卓越。这意味着不断提高自己的技能水平，努力成为顶尖选手。同时，也要鼓励团队合作，追求团队的卓越表现。

②促进健康竞争：电子竞技是一项竞技活动，竞争是不可避免的。然而，我们应该强调健康竞争的重要性。这意味着尊重对手，遵守规则，不使用作弊手段，以公平的方式进行竞争。

③培养团队精神：电子竞技通常是以团队形式进行的，因此培养团队精神是非常重要的。这意味着要学会与队友合作，互相支持和信任。团队精神的培养不仅有助于取得更好的成绩，也有助于建立良好的团队氛围。

④培养自律和责任感：电子竞技需要投入大量的时间和精力，因此自律和责任感是必不可少的。设定目标时，要明确自己的责任和义务，并且要有足够的自律来保持良好的训练和生活习惯。

⑤倡导公平和公正：电子竞技应该是一个公平和公正的竞技环境。这意味着不仅要遵守游戏规则，还要尊重他人的权益和尊严。不使用作弊手段，不进行恶意攻击或辱骂他人，以及尊重裁判和裁决的决定。

设定正确的目标和价值观对于电子竞技的发展和健康发展至关重要。通过追求卓越、健康竞争、团队精神、自律和责任感以及公平和公正，我们可以建立一个积极向上的电子竞技文化。

（2）提高运动员对电子竞技的兴趣

教练员应提高自己的教学质量，掌握多种训练方法、手段和技巧，形成高超的训练艺术，并能适应时间、地点和人文条件，灵活运用，更好地激发运动员参加训练和比赛的兴趣。

①提供相关资源和设施：为运动员提供电子竞技的相关资源和设施，例如提供高性能的电脑、游戏设备和网络设备，以及舒适的游戏环境。这样可以让运动员更加方便地接触和参与电子竞技。

②组织电子竞技比赛和活动：定期组织电子竞技比赛和活动，让运动员有机会展示自己的技能和竞争力。这样可以激发运动员对电子竞技的兴趣，并增加他们参与的动力。

③提供专业指导和培训：为运动员提供专业的指导和培训，帮助他们提高电子竞技的技能和水平。这样可以让运动员感受到自己在电子竞技领域的进步和成就，从而增加他们对电子竞技的兴趣。

④加强宣传和推广：通过各种渠道加强对电子竞技的宣传和推广，让运动员了解电子竞技的魅力和潜力。这样可以让运动员对电子竞技产生兴趣，并愿意主动参与其中。

⑤建立交流和合作机制：建立运动员之间和电子竞技团队之间的交流和合作机制，让运动员能够互相学习和借鉴，共同进步。这样可以增加运动员对电子竞技的兴趣，并培养他们的团队合作意识。

提高运动员对电子竞技的兴趣需要提供相关资源和设施，组织比赛和活动，提供专业指导和培训，加强宣传和推广，以及建立交流和合作机制。通过这些措施，可以激发运动员对电子竞技的兴趣，并促使他们更加积极地参与其中。

（3）发挥电子竞技运动员的主体作用和教练员的主导作用

电子竞技运动员在电子竞技比赛中扮演着主体作用。作为参与比赛的主要角色，电子竞技运动员需要具备出色的游戏技巧、战术意识和团队合作能力。他们通过不断的训练和磨砺，提升自己的游戏水平，以在比赛中取得优异的成绩。

电子竞技运动员的主体作用体现在多个方面。首先，他们是比赛中的主要执行者，需要在紧张的比赛环境中迅速做出反应并做出正确的决策。其次，他们需要与队友密切合作，共同制定战术和策略，并在比赛中相互配合，以取得胜利。此外，电子竞技运动员还需要具备良好的心理素质，能够在压力下保持冷静，并在关键时刻发挥出自己的最佳水平。然而，与电子竞技运动员相比，教练员在电子竞技中扮演着主导作用。教练员是团队的领导者和指导者，他们负责制定训练计划、分析比赛数据、研究对手战术，并指导队员在比赛中的表现。教练员需要具备丰富的游戏经验和战术知识，能够为队员提供专业的指导和建议。

教练员的主导作用体现在多个方面。首先，他们负责挑选和培养队员，确保队伍的整体实力和竞争力。其次，他们制定训练计划，安排队员的训练内容和时间，以提高队员的技术水平和战术意识。此外，教练员还负责分析比赛数据，研究对手的战术，为队员提供针对性的战术指导，以增加比赛的胜算。总的来说，电子竞技运动员和教练员在电子竞技中都扮演着重要的角色。电子竞技运动员作为比赛的主要执行者，需要发挥自己的技术和能力，与队友合作取得胜利。而教练员则负责指导和管理队伍，提供专业的指导和战术支持，以帮助队员取得更好的成绩。他们共同努力，才能使电子竞技运动发展壮大。

（二）有效控制原则

有效控制原则是指在训练过程中，教练员和运动员能够及时从教学训练活动中获取反馈信息，对训练活动进行调整和有效控制，提高训练效率。在培训过程中，准确把握和控制培训过程的各个阶段——培训的内容、测量和实施，并对其进行调整，确保培训目标的实现。

1.有效控制原则的理论基础

（1）运动员是电子竞技的主要参与者

电子竞技训练的作用首先体现在运动员竞技能力的变化上，其次，体现在运动训练的组织、比赛制度、奖励制度和训练后勤措施以及家庭、社会等其他条件的发展上。因此，只有有效地控制电子竞技日新月异的训练过程，才能达到预定的训练目标。

（2）以"三论"作为理论基础

运用现代控制论、信息论和系统论的基本原理对训练过程进行分析，可以将现代电子竞技的训练过程视为一个控制系统。人们利用在训练过程中收集到的大量信息对电子竞技的训练过程、训练对象、竞技能力的发展等不同系统进行控制。电子竞技训练实践证明，这种控制是可行的和必要的。

（3）训练过程就是信息的传递过程

培训体系中的信息通过各种信息传输通道，在培训过程中相互配合，实现了有效控制，以积极、有意识地调整教学和实践活动，促进培训质量的提高。

2.贯彻有效控制原则时应注意的问题

（1）善于及时从多个渠道获得反馈信息

教练员可以通过训练日记、教练员日记、运动员训练档案等大量了解运动员的信息，以便及时做出决策。在培训中，要善于及时观察和分析，以便对培训过程中的不同环节给予正确的指导，使培训能够达到理想的效果。

（2）及时评估和调整反馈信息

培训实践证明，虽然制定了非常详细、严格的培训计划，但在具体实施过程中，不可避免地会发生一些局部甚至全球性的变化。教练员在接收到知识信息后及时评价运动员的反应活动，不仅可以加强运动员的训练活动，而且可以帮助教练员适当调整训练过程。

（3）重视培养运动员自我调节能力

教练员应该为运动员提供更多的机会和情境，让运动员通过自己的理解、分析和反思进行自我批评，不断提高思维素质，不断改进训练方法，形成良好的训练动机体系。

（三）系统训练原则

系统培训原则是指用整体、系统的观点指导培训活动。首先，系统化原则是指训练任务的系统性。运动员只有经过长时间的持续训练，才能达到更高的竞技水平。二是指培训活动本身的系统性。培训是由一系列培训要素组成的完整体系。

1.系统训练原则的理论基础

（1）人类生物学的适应性

训练的目的是逐步提高运动员的运动技能，达到最佳的效果。而一切都有赖于通过系统的训练，使运动员的身体在生理、心理等方面发生一系列的适应性良好的变化。训练对运动员竞技能力的提高必须通过人体的内在适应性转化来实现，这需要较长的时间。

（2）由运动技能引起的不稳定

运动员在竞技对抗中提高的竞技能力表现为技术、战术能力、运动智力和心理能力，这些能力具有不稳定的特征。当训练的系统性和连续性被破坏，出现中断或停顿时，所获得的运动技能就会消失，甚至完全丧失。如果训练中断，中枢神经系统对肢体精细动作的支配能力将受到影响，反应将变慢，最终的动态刻板印象将被破坏。为了避免技能的衰退，必须在重复负荷的基础上产生和保持一定时间的运动技能，使运动技能得到加强和积累，不断改进和完善。

2.贯彻系统训练原则时应注意的问题

（1）实现身心发展的统一

良好的体格是运动员全面发展的基础。在训练活动中，一方面组织运动员进行身体锻炼，提高身体素质；另一方面，在电子竞技训练中要注重身心健康，促进运动员的健康发展。

（2）注意各要素的协调训练

电子竞技的训练过程是运动员掌握知识体系、形成技能和、促进身心发展的过程。在培训的过程中，教练必须明确培训任务，了解运动员，熟悉各种训练方法、手段和训练环境，善于处理各种训练元素之间的关系，以便培训元素可以在有机合作的过程中实现具体的培训目标，并实现最好的整体培训效果。

（3）制定全面系统的培训计划

培训计划是组织和实施培训活动的基本设计。一个全面、系统的培训计划是保证培训连续性和达到理想的培训效果不可或缺的因素。教练员应根据运动员的实际情况制定计划，尽量制定合理的每日、每周、每月、每年和多年计划。在实施过程中，要通过运动员的反馈及时纠正。

（四）区别对待原则

区别对待原则是指教练员根据不同电竞项目和不同运动员的具体情况，从运动员的实际出发，采取不同的训练方法和手段，组织安排相应的训练流程，选择相应的训练内容。电子竞技体育训练的效果，要通过电子竞技体育运动员运动能力的变化予以表现，每个运动员的心理和生理条件，技术和战术能力以及素质、智力水平是不同的，想要达到理想的训练效果，就必须仔细处理好集群和个体之间的关系，考虑运动员的特点，有针对性地组织电子竞技运动训练过程。

1.区别对待原则的理论基础

（1）电子竞技运动员身心发展的差异

电子竞技运动员身心发展的差异是指与传统体育运动员相比，电子竞技运动员在身体和心理方面的发展存在一些不同之处。

首先，在身体方面，电子竞技运动员的身体发展可能相对较弱。由于电子竞技运动的特殊性，运动员主要依靠手指和眼睛的协调运动，而不需要像传统体育运动员那样进行全身运动。这导致电子竞技运动员的肌肉发展相对较少，体力相对较弱。此外，长时间坐在电脑前进行比赛和训练也容易导致电子竞技运动员出现肩颈疼痛、眼睛疲劳等问题。

其次，在心理方面，电子竞技运动员的心理发展可能面临一些特殊的挑战。电子竞技运动的高强度竞争和压力，常常需要运动员保持高度的集中和应对各种挑战。这对运动员的心理素质提出了更高的要求。同时，电子竞技运动员也面临着来自社会的负面评价和压力，比如被认为是"宅男""游戏狂"等刻板印象。这些负面评价可能对运动员的自尊心和自信心产生影响，进而影响其心理健康和发展。

然而，尽管存在这些差异，电子竞技运动员的身心发展也有其独特的优势。在身体方面，电子竞技运动员的手指和眼睛的协调能力往往相对较强，这使得他们在某些特定的技能上具有优势。在心理方面，电子竞技运动员需要具备良好的反应速度、决策能力和团队合作精神，这对他们的心理素质提出了更高的要求，也使得他们在这些方面有着独特的发展。

总的来说，电子竞技运动员与传统体育运动员在身心发展上存在一些差异。电子竞技运动员的身体发展可能相对较弱，而心理发展则面临着特殊的挑战。然而，电子竞技运动员也有其独特的优势，这使得他们在某些方面具备特殊的发展潜力。因此，我们应该重视电子竞技运动员的身心发展，为他们提供适当的支持和培养，以促进他们全面发展。

（2）电子竞技培训内容和手段的多样性

电子竞技作为一项快速发展的竞技项目，其培训内容和手段也呈现出多样性的特点。在电子竞技培训中，主要包括以下几个方面的内容和手段。

首先，电子竞技培训注重游戏技能的培养。电子竞技选手需要具备出色的游戏技能，包括操作技巧、反应速度、战术意识等。因此，培训中会通过大量的游戏实战训练来提高选手的游戏水平。同时，还会有专业的教练进行指导，通过分析选手的游戏录像、提供个性化的训练计划等方式，帮助选手不断提升自己的游戏技能。

其次，电子竞技培训注重团队合作的培养。在电子竞技比赛中，团队合作是非常重要的。因此，培训中会进行团队训练，培养选手之间的默契和配合能力。这包括团队战术的训练、团队沟通的培养等。通过团队合作的训练，选手能够更好地适应比赛环境，提高团队的整体竞技水平。

此外，电子竞技培训还注重心理素质的培养。电子竞技比赛的压力往往很大，选手需要具备良好的心理素质来应对各种挑战和困难。因此，培训中会进行心理辅导，帮助选手调整心态、提高抗压能力。同时，还会进行心理训练，培养选手的自信心、专注力和决策能力等。

最后，电子竞技培训还注重身体素质的培养。虽然电子竞技是一项虚拟的竞技项目，但良好的身体素质对选手的表现和状态也有很大的影响。因此，培训中会进行体能训练，包括力量训练、耐力训练等，以提高选手的身体素质和竞技能力。

电子竞技培训内容和手段的多样性体现在游戏技能培养、团队合作培养、心理素质培养和身体素质培养等方面。通过综合的培训，选手能够全面提升自己的竞技水平，更好地应对比赛的挑战。

（3）电子竞技训练要素的变异性

不同的项目、运动员和他们的特点在不同的状态下是不同的。这些因素的不断运动和变化，要求教练员根据具体训练对象的具体情况，及时组织训练。电子竞技训练要素的变异性是指在不同的游戏类型和比赛环境下，训练要素会有所不同。虽然电子竞技的基本技能和战术思维在各种游戏中都有共通之处，但每款游戏都有其独特的特点和要求，因此训练要素也会有所变异。首先，不同游戏的操作要素会有所不同。例如，射击类游戏中的准确瞄准和快速反应是关键，而策略类游戏中的团队合作和决策能力更为重要。因此，针对不同游戏类型的训练要素会有所差异。其次，不同游戏的战术要素也会有所不同。每款游戏都有其独特的地图设计、角色设定和游戏规则，因此需要针对具体游戏进行战术训练。例如，在团队竞技游戏中，团队配合和战术规划是关键，而在个人竞技游戏中，个人技能和战术选择更为重要。

此外，不同游戏的心理要素也会有所不同。不同游戏的比赛环境和压力程度不同，因此需要针对具体游戏进行心理训练。例如，在高压力的比赛中保持冷静和集中注意力是关键，而在需要长时间保持专注的比赛中，耐力和心理耐受力更为重要。

综上所述，电子竞技训练要素的变异性是不可避免的。针对不同游戏类型和比赛环境，训练要素会有所不同，因此选手需要根据具体情况进行有针对性的训练，以提高自己在不同游戏中的竞技水平。

2.贯彻区别对待原则时应注意的问题

（1）综合分析影响训练的因素

由于电子竞技训练过程的多样性和变异性，在实施差异化对待原则时，需要考虑电子竞技的比赛项目、训练对象、训练条件等诸多因素。

（2）处理个体差异

教练员应全面具体地分析运动员的不同特点，区别对待运动员。要从发展的角度看待运动员的个体差异。应该认识到，运动员在发展过程中具有很大的可塑性，个体差异是不稳定的。某一方面的缺点在一定条件下是可以转化的，不能用静止的眼光来看待运动员。

（3）正确处理共性与个性的关系

不同的电子竞技项目有自己的决定因素和不同的发展规律，但它们也通过每个项目的特点反映了所有体育项目的共同规律。一个团队是一个集体，所有的成员都有一些共同之处，但每个人都有自己不同的特点。教练员应正确处理共性与个性之间的关系，科学地组织训练。[①]

第二节　电子竞技教学方法

一、电子竞技运动基本技术的训练方法

（一）重复训练方法

重复法是指把同一个练习重复多次的方法。通过同一动作或同一组动作的重复，不断加强动作条件反射的过程，有利于运动员掌握和巩固技术动作。通过相对稳定负荷强度的多重刺激，身体能尽快产生较高的适应机制，有利于运动员的发展，提高其敏捷性和协调性。构成重复训练方法的主要因素是单（组）练习次

---

① 崔海亭.电子竞技训练方式与战略战术研究［M］.长春:吉林出版集团股份有限公司，2021：74—75.

数和练习强度。重复训练法包括短时间重复训练法、中时间重复训练法和长时间重复训练法。

1.短时间重复训练法

它一般适用于快速技术的训练。例如,《反恐精英:零点行动》游戏操作键练习, W (前进) MOUSEI (主攻); S (向后) MOUSE2 (次要攻击); A (向左) R (装弹); D (向右) 数字键/鼠标中轴 (切换武器)。再如足球中射门技术动作的练习,接传球的练习,接投的练习,投 (踢) 的组合技术动作的练习。短时间重复训练法的应用特点是一次练习负荷时间短 (约在 30 秒内),动作速度快,单个动作或组合动作各环节前后稳定。间隔过程多采用肌肉按摩放松方式,以促进身体尽快恢复功能,重复和分组的次数相对较少,可有效提高单项技术动作或组合技术动作的熟练度、规范化和技能化。

2.中等时间重复训练法

一般适用于低对抗强度条件下的技术训练。如 FIFA 2004,各种技术动作的反复实践或单一技术的重复练习。中间时间重复训练法也广泛适用于运动员学习、形成和巩固较低强度的运动技术,掌握局部协调的运动战术。中等时间重复训练法的应用特点是一个动作的负荷时间更长。中时间重复训练法可以有效地提高运动项目的技术衔接。

3.长时间重复

主要适用于复杂战略条件下的运动技术训练,如阶梯式、足球对抗中各种技战术的系列性练习、连续攻防的对抗练习、组合技术的反复练习等。该方法也适用于单方技术动作的训练,或难度小、负荷低、技力强的技术动作组合训练。长时间重复法的应用特点是练习时间更长,在各种竞技电竞中,技术动作的训练形式多种多样。同时参与技术战术训练的人数较多,训练时组织难度较大。

(二) 直观法

直觉法是指运动员在技战术训练中常用的一种训练方法,它利用运动员的各种感觉器官建立练习的表象,获得感性知识,帮助运动员正确思考和掌握技术。

运用直观法时应注意两点。首先,根据具体情况和可能性,提高多感官综合分析能力。电子竞技运动员综合运用感觉器官的能力越强,就能越快地感知和掌握技战术的运用。各种感觉器官的功能往往是阶段性的,如开始与键盘和屏幕接触时,视觉效果更大;但在提高的过程中,更多的是通过肌肉本体感觉来改进和完善技战术。其次,运用直观的方法,激发电子竞技运动员共同的积极思考。感性认识必须从积极思维过渡到理性认识,才能形成正确的行动观,从而掌握和运用各种策略。

（三）完整法与分解法

1.完整法

指从一个技术动作的开始到结束，没有任何部分或环节，完整地进行练习的训练方法。完整法的优点是，它是运动员建立完整的技术动作概念的开始，不会影响动作的结构和各部分之间的连接，保持完整的技术动作和每个部分的结构。这种方法主要用于学习简单的技术动作或无法分解的更复杂的技术动作。

完整训练方法可以用于单个动作的训练，也可以用于多动作的训练；可用于个人动作训练，也可用于集体动作训练。对于单个动作的训练，要注意各个动作环节之间的紧密联系，注意逐步提高训练强度，从而提高整个练习的质量。在多动作的训练中，尤其要注意在做好每个单动作的同时，掌握好多个动作之间的串联和衔接。对于个别动作的训练，不同的锻炼目的有不同的要求。为了提高动作质量，可以要求运动员在动作中间停止练习，指出问题，加深印象，重新练习和提高。在集体协调战术训练中，应将最终的战术效果作为训练质量的评价标准，并根据实际需要灵活组织完整的战术训练。

2.分解法

指将一个完整的技术动作按其基本环节分为几个相对独立的部分，使运动员分别进行练习的训练方法。其优点在于采用分解训练法可以集中精力完成专项训练任务，加强对主要技术动作的训练，从而获得较高的训练效益。当技术动作过程较为复杂时，可进行分解训练，而采用完整的训练方法不易使运动员直接掌握情况，或者技术动作的某些环节需要更详细的专项训练时，常采用分解训练方法。由于分解实践是掌握技能的一部分，它通常被视为完整实践的补充。例如，在反恐精英中，AK 和 M4 是游戏中使用频率最高的两种步枪，精确度高，威力大。为了更好地发挥自己的力量来，可以先练习两连发射，加单点，控制节奏，灵活把握场上形势，然后辅以扫射。连续发射的准心变化可分为精确阶段、上升阶段和稳定阶段。在每一阶段的分解练习后，将准心、轨迹、时间有机结合，完成一个完美的按压动作。

需要注意的是：（1）对于比较复杂的技术动作，可以先采用分解法，然后完成练习。在这种情况下，必须注意不要损害行动的完整性。也就是说，动作阶段的划分应以不影响技术动作的结构特征，不破坏动作各部分的有机联系为原则。（2）对于一些不是很复杂的动作，可以先完成练习再分解练习。（3）一般来说，技术要求水平越高，分解实践所占比例越大。（4）"先分解后完成"或"先完成后分解"并不是固定的学习和培训程序。教练员应根据技术动作的难度、结构（部件的数量）、运动员的年龄和心理特征来决定采用哪种方法。

（四）减难法与加难法

在电子竞技技术训练中，减难法是指难度低于各类电子竞技训练和比赛要求的训练方法。例如使用各种热键。这种方法常用于技术学习的初始阶段。加难法是指技术训练中难度高于竞赛训练要求的训练方法。例如在电子运动训练中，熟练使用各种热键，从而增加了训练难度。这种方法在优秀运动员的训练中经常使用。

二、电子竞技选手的基本战术及训练战术

战术包括战术思想、战术指导思想、战术意识、战术知识、战术形式和战术行动。战术指导思想是战术活动的核心。战术的针对性和有效性是否强，取决于战术指导思想的正确与否。从哲学上讲，战术的作用大于各部分的总和。

战术能力是指运动员（队）掌握和运用战术的能力，是运动员（队）整体竞技能力水平的重要组成部分。一个球员的战术能力（团队）是反映在先进战术概念，个人战术意识和身体的协调意识，战术理论知识，掌握战术行动的质量和数量，使用策略的针对性和有效性。不同的竞技体育对运动员（队）战术能力有不同的要求。相对而言，技战术对抗项目、场内对抗项目和净对抗项目对运动员战术能力的要求最高。目前，中国国家体育总局宣布，电子竞技项目主要有四大类：CS、FIFA、星际争霸和魔兽。因此，本节主要结合以上四类项目来探讨电子竞技的战术能力和训练。

（一）电子竞技运动基本战术的特点

电子竞技作为一种基于虚拟空间的新型竞技体育，有其自身的战术特点。首先，电子竞技的策略具有很强的现实依附性。目前，国际公认的官方电子竞技大致可以分为两类：军事模拟类和体育模拟类。无论是军事模拟还是运动模拟，其战术的运用和实施都离不开原项目的战术特点，对原项目有很强的依赖性。其次，电子竞技的战术比较理想。电子竞技战术的运用存在一定的理想化。与真实项目相比，在战术的操作和应用中，意外情况相对较少。

（二）电子竞技运动基本战术的分类

1.根据进攻性和防御性进行分类

根据电子竞技的攻防性质，电子竞技的基本战术可分为进攻战术和防守战术。在电子竞技中，进攻战术可以简单地概括为获得阶段性或决定性胜利的灵活多变的策略或方法，具体可分为探索性进攻和决定性进攻。探究式进攻顾名思义，是指通过进攻战术找出对方的真实情况和存在实力，以便及时制定正确的作战战略，为决定性的进攻做好准备。《CS》《星际争霸》和《魔兽争霸》中的探索任务和小

规模遭遇战，以及《FIFA》中的早期组队攻击都属于探索攻击。决胜进攻是指发展正确的战术来决定比赛的结果。

防守战术是指在一定时期内，为了保持自己的力量，最终取得决定性胜利而采取的战术。在具体的比赛中，防守战术的运用具有很大的灵活性。不同的项目使用不同的防守战术，即使是同一个项目，在不同的情况下使用的防守战术也大相径庭，要根据具体情况而定。但是它们也有一个共同之处，那就是在使用防守战术时，必须在自己兵力的范围内使用，否则就是战术的失败。

2.根据项目需求和战术行动中参与者的数量分类

根据这种分类方法，电子竞技的基本战术可分为个人战术和团队战术。个体战术是指运动员在战术活动中的个体行为。在比赛条件下，每个运动员的个人战术是由多个因素组成的综合体，也就是说，个人战术表现是指个人的意识、知识、技术、身体能力、心理素质和战术行动方式等因素。在电子竞技中，个人战术的运用在赢得比赛中也起着至关重要的作用。特别是在 CS 中，在一对多的情况下，正确使用个人战术会产生意想不到的结果。个人战术固然重要，但每个相对独立的因素或方向都不能独立地控制和支配运动员的战术动作，个人战术是各方面共同作用的结果。所谓团队战术是指在团队竞争的战术活动过程中，团队所表现出来的组织行为或群体行为。在许多团体赛中，团队战术是比赛成败的关键。团队战术也有自己的特点。

首先，任何队伍或运动队都是由几个人组成的，但是队伍所表现出来的团队战术并不是几个人战术的简单相加，虽然这两种战术有着非常密切的关系。但事实上，团队战术与个人战术至少在一些方面有所不同。首先，团队战术表现出一种组织性。该组织将几个单独的个体行为连接成为一个行动主体。在这里，每个球员的个人战术只是球队战术系统的一个组成部分（或子系统）。因此，团队战术的结果是整体效果的表现，而不是由任何一个球员的战术决定的。但是，正如人体系统中一个子系统（如消化系统）的故障会影响人体系统其他部分的功能一样，单个运动员的战术错误也会影响团队战术。例如，FIFA游戏，如果一名球员漏掉了对手，人盯人防守可能会导致球队的防守出现漏洞。但是，由于球队战术的组织性，个别球员的缺席所造成的临时空缺，可以由其他球员的协助和补充防守来弥补。

第二，团队战术表现出一致性。这种一致性并不意味着团队战术活动中每个参与者的战术是相同的，而是行为的目标和导致联合行动的动机是一致的。球队的战术目标不是由个人目标决定的。在这个共同的战术活动过程中，个人目标必须服从于团队的共同行为目标。团队战术行动的成功与否很大程度上取决于团队中每个成员是否能够遵从团队的目标，即行为目标是否一致。成功的战术协调往往是参与协调的几个参与者目标一致性的具体表现。

第三，团队战术具有多样性，即在同一时间，一个人只能执行一种行为，而团队可以同时执行多种不同的行为。

第四，球队战术也表现出一种集中性。这种集中战术的主要特点是保持人数优势，以群众战术迅速歼灭敌人。数量优势是战略和战术上最常见的制胜因素。虽然在实际战斗中不可能在所有地方都取得优势，但通过在决策点巧妙地调动队员来创造优势是必要的。所有的行动都必须或多或少地以出其不意为基础，才有可能获得主导地位，扰乱和挫败对手的士气，并最终取得胜利。越是把所有的力量越集中在一个行动、一个时刻，就会越有效。以最大的优势在最适当的时间、地点、方向对敌人发动全方位的突袭、合围、偷袭。

目前在我国的电子竞技中，比较注重个人战术的运用，而不重视团队战术的运用。其实，个人战术运用的好坏，在很大程度上取决于集体战术的配合。重视团队战术，积极发展团队战术已成为我国电子竞技发展的当务之急。

三、影响电子竞技运动员基本战术运用能力的因素分析

（一）内部因素

1. 军事因素

军事科学是研究战争的性质和规律，指导战争的准备和实施的科学。它可以大致分为古代军事科学和现代军事科学。这里所指的军事因素，外延概念相对较小，仅指虚拟电子竞技中一方为赢得竞争而采取的战略战术。虽然从外延上讲，它比人们实际所说的军事科学要小得多，但它们的共同之处在于，都是通过一定的"战争"手段，达到了既定的目的，取得了最终的胜利。

2. 心理学

心理学是指研究人类和动物心理过程和行为的科学。从字面上看，心理学的意思是"对心灵的研究"，专注于个人和群体行为。心理学的其他专门领域包括儿童心理学、教育心理学、运动心理学、社会心理学和比较心理学。心理学家研究范围广泛的课题，包括学习、认知、智力、动机、情感、知觉、个性以及遗传或环境对个体差异的影响程度。人类的任何活动都会涉及心理问题，电子竞技作为人类社会活动的一部分也不例外。在高强度、激烈的电子竞技比赛中，保持良好的心态，保持稳定的情绪，使技战术正常发挥，是运动员赢得比赛的正常条件。相反，如果不能保持良好的心态，过于紧张，会导致比赛的失败。

3. 身体健康

在电子竞技中，虽然对身体的要求没有现实生活中那么高，但是电子竞技比

赛的高强度是由于相对较短的比赛获胜时间造成的。因此，拥有一定的体能也是电子竞技成功的重要内在原因。

（二）外部因素

1.机械和设备

包括比赛、广播、裁判和服务器的机器，以及运动员提供的鼠标、键盘和耳机。这里提到的机器设备主要是指运动员自己提供的鼠标、键盘和耳机。这些设备的质量在一定程度上会影响游戏的速度、控制的准确性、游戏状态判断的准确性等，进而影响游戏的最终结果。电子竞技运动员必须配备一整套高科技、熟悉的设备。

2.现场环境

如今，大多数电子竞技场馆都位于室内。因此，场地环境对电子竞技运动员战术能力的影响主要体现在场地观众对比赛的关注程度上。在这一点上，就像足球比赛一样，观众情绪高涨，大声呼喊，在主场比赛中会给球员很大的精神支持，他们经常会超越自己的水平，并最终获胜。观众的冷漠反应，在一定程度上也会影响运动员的情绪。

3.竞争规则

中国的电子竞技才刚刚兴起，在很多方面都借鉴了国外电子竞技的规则。然而，适合我国实际情况的竞争规则尚未制定完整。因此，不完善的比赛规则必然会在一定程度上影响运动员的战术能力。

四、电子竞技运动基本战术的训练方法

个人战术的培养应该从动作目的与战术行动的关系出发，即让运动员知道需要什么样的行动才能达到什么目的，什么行动可以达到什么目的。此外，个体战术意识还体现在运动员对行为环境的积极反应中。因此，运动员战术意识的培养还应培养其识别和预测战术态势的能力。总之，个人战术是个体的自觉行为，而个人意识的培养是塑造这种行为的第一步。严格地说，战术意识的发展没有固定的模式，一个人的战术意识是一直在形成的。以下是一些基本的训练方法：

（一）知识培养法

知识作为客观存在和主观存在的产物，影响着人的意识。因此，组织运动员学习战术知识是培养战术意识的必要措施。学习过程中掌握的经验知识和理论知识成为个体理解和评价外部世界，影响个体态度形成的参考标准。个体的战术意识是在模仿、识别、强化的过程中逐渐形成的。

（二） 问题解答法

意识的形成需要思考。教练员可以通过情境提问的方式让运动员回答解决方案。对于运动员的回答，无论正确与否，都不应该简单地肯定或否定。而是要用归纳法从浅到深进行分析，提出进一步的问题，让运动员思考得更深入，思考得更广。这可以通过理论学习、战术训练、观看游戏实战视频来实现。问题可以有很多种形式，比如"在这种情况下你会怎么做"，"在那种情况下你会怎么做"，"为什么在这种情况下你要采取这种行动而不是那种行动"等等。

（三） 问题猜想法

猜谜是培养运动员对形势发展趋势的认识与想象力和创造力的一种方式。教练可以通过描述片段（最好有显示）或播放视频，让运动员实战猜测后面会出现什么样的情况，所有的运动员都应该被鼓励去继续思考，它将帮助运动员根据可能导致的后果进行推断。

（四） 引申练习法

所谓的引申练习法就是不断地将问题引向各种变化，要求运动员不断地解决新的问题。显然，这种方法有助于培养运动员的快速决策能力和思维敏捷性。

第五章　电子竞技运动体能及智力素质训练

第一节　电子竞技教学中的体能素质培养

一、电子竞技体能训练的意义

体能在电子竞技中的重要地位决定了体能训练是电子竞技运动员整体训练的重要组成部分。体育训练的内容、方法和手段的选择应严格根据自身的特点和提高专项运动能力的需要。不符合特殊要求的训练是没有意义的，也不能称之为真正意义上的体育训练。因此，只有将电子竞技体育与体能训练科学紧密地结合起来，才能发挥电子竞技体育体育训练的积极作用。体育训练在电子竞技中的作用概括如下：

（一）适应现代运动训练及比赛的要求

随着科学技术的发展，现代科学技术广泛应用在监测运动员的训练过程中，使训练过程迅速改善，在挖掘人类体育的潜力的过程中，取得了突破性进展，大大提高了运动表现，使比赛场上的竞争越来越激烈。如果一个选手想要赢得总冠军，他或她必须执行多年的系统锻炼和强化训练，以便有机体进行长期的生物转化，并掌握合理、经济、适用的技术和战术。

（二）促使选手更好地掌握技战术

竞技比赛的制胜要素是运动员的技能和智力，因此电子竞技专项体能训练最终应服务于电子竞技运动员技战术水平的提高。当今电子竞技技战术的多样化和复杂性对电子竞技运动员的生理机能和竞技素质提出了更高的要求。而这些特殊要求仅靠专项技战术训练是无法达到的，只有通过体训系统才能满足。毫无疑问，良好的身体素质是电子竞技运动员掌握各种技战术的基础。因此，只有系统的体能训练，才能促进电子竞技运动员各组织、器官和系统功能的全面协调发展，为运动员掌握更复杂、更先进、更合理的运动技战术提供可能性。

（三）培养良好的心理素质

随着竞争的日益激烈，现代电子竞技比赛对运动员的心理素质提出了更高的要求。实践证明，体能训练非常有利于训练运动员适应比赛的心理要求。诚然，与技战术训练相比，电子竞技体育专项体能训练的过程可能是枯燥、繁琐、非常痛苦的，但反复冲击身体运动极限是克服生理障碍、锤炼运动员顽强拼搏意志品质的一种非常有效的方式。

（四）延长选手的运动寿命

受伤对运动员来说是最可怕的事情，因为他们经常会毁掉运动员的"美好未来"。即使是顶级电子竞技选手也难以摆脱伤病的困扰。这样的"昙花一现"在巅峰时刻对个人玩家和中国电子竞技的负面影响都是致命，的。因此，如何预防和减少训练和比赛中损伤的发生，已引起教练员和训练专家的关注。实践证明，对电子竞技运动员进行体能训练不仅能有效提高运动员的运动机能和运动表现，而且有利于运动员延长保持高水平运动能力的时间，减缓运动能力的下降。由此可见，体育训练不仅保证了运动员的系统训练，而且保证了运动员高水平运动能力的持续时间，从而有效地延长了运动员的生命。

二、电子竞技选手体能素质的特征

（一）电子竞技运动选手的身体形态特征

在身体形态方面，电子竞技项目的具体要求并不是太高。可以说，不同形式的人都可以参与其中。然而，要成为一名职业选手，具备项目的专项身体形态特点是不容忽视的。

一般来说，电子竞技体育对职业运动员的身体形态有以下要求：

1. 身体相对比较匀称

因为电子竞技玩家长时间以相对固定的坐姿工作，所以需要一个相对健康的身体来满足这一特定特征。想象一下，一个大肚子的人连续几个小时坐在电脑前，腹部的脂肪向心脏施压，这有多痛苦。

2. 眼睛要有神

眼睛的大小并不是电子竞技玩家的特定外形要求，但眼睛长时间移动的能力是职业电子竞技玩家的基本要求。

3. 手指细长

我们经常注意到钢琴家的手指有一个共同的特点，那就是手指比较细长，这是长期特殊练习的结果。同样，电子竞技需要长时间的鼠标点击和拖动，职业选手的手指也有同样的需求。

（二）电子竞技运动选手的机能特征

在功能方面，电子竞技运动员的神经类型和心理素质对有效参加训练和比赛很重要，因为项目的区别，队员的特征明显，电子竞技体育运动员的神经类型和心理素质特点主要包括以下方面：

1. 神经过程的高兴奋性

运动员的神经过程必须具有较高的兴奋性、良好的反应能力和柔韧性，才能保证在体育比赛中反应迅速、敏捷，具有较强的适应性，以满足快速多变的比赛需求。

2. 神经过程是高度平衡的

运动员在紧张的过程中要保持高度的平衡，保持冷静稳定的情绪，能够在紧张复杂的比赛中保持清醒冷静的心态，做出正确的判断。

3. 精神状态稳定，有弹性

由于比赛持续时间较长，运动员的神经活动和心理状态应保持稳定和有弹性，这样才能在长时间和整个比赛中保持足够的精力和稳定的心理状态。

4. 调理快，分化细

由于技术水平高，技术全面，比赛要求运动员反应快，分化好，以便尽快学习和掌握各种技术。

（三）电子竞技选手运动素质的特征

体育素质是达到现代高水平的基础。没有高度发达的体育素质，就不可能掌握高超先进的技术，没有高超的技术，就不可能在世界重大比赛中获得一等奖。电子竞技运动员的体育素质表现出以下特点。

1. 反应快、动作快

大多数电子竞技体育运动都需要坐在电脑屏幕前，在虚拟空间中进行比赛，它可以快速、频繁地改变对方战队的进攻战术。这就要求运动员在进攻技术和防守技术上都要有快速的反应速度和操作速度，神经系统和肌肉系统都要跟上比赛发展的要求。因此，可以说速度是电子竞技运动员体育素质的中心环节，特别是反应速度应成为运动员体育素质发展的重点。

2. 上肢动作的高度灵活性

虽然电子竞技游戏主要是关于大脑反应，但技术动作最终依赖于手指点击键盘和拖动鼠标点击。因此，高灵活性的上肢运动（主要是手指端）往往成为获胜的关键，这就需要玩家在日常练习中训练神经中枢支配手指末端长时间运动的能力，并建立一个相对稳定和协调的条件反射。

3.较好的耐力素质

解剖学上，电子竞技涉及的主要肌肉群有眼肌群、手肌群、颈部肌群和躯干肌群。培养这些相关肌肉群的耐力素质是不可忽视的，尤其是速度耐力。试想一下，以一个相对固定的姿势（坐姿）长时间不停地点击和拖动鼠标移动并不是一件简单容易的工作，如果没有较好的耐力很容易造成紧张。

电子竞技要求运动员长时间盯着电脑屏幕，并根据对手在球场上的战术改变视线。即使我们不考虑电脑本身的辐射，只想到我们在路上看到一辆穿梭而来的汽车的情况，看久了也会"头晕"，而这种"头晕"就是视觉疲劳的表现。最重要的是，与我们自己玩的游戏不同，游戏中几乎没有让玩家做出任何判断错误的空间。要做到这一点，良好的视觉耐力是关键，因为球员获取球场上主要信息的方式几乎完全是通过视觉。

三、电子竞技运动教学的体能训练方法

针对电子竞技运动员的上述几项运动素质特点，在运动素质专项训练中，应注重反应速度、敏捷性、力量耐力和视觉耐力的训练。需要注意的是，下面提到的训练方法在现代大多数运动训练实践中被广泛使用。在电子竞技运动员的运动素质训练中，可以根据实际情况选择一部分进行练习。

（一）反应速度的训练

反应速度练习包括简单反应速度练习和复杂反应速度练习。简单反应速率是复杂反应速率的基础，复杂反应速率是简单反应速率发展的高级阶段。对于电子竞技来说，复杂反应的速度更为重要。

简单反应速度练习的特点是通过练习缩短感觉（视、听、摸）—运动反应的时间。复杂反应速度训练的特点是缩短感觉（视、听、触）—中心分析和选择判断—运动反应的时间。

1. 练习简单反应速度

在体育运动实践中，简单反应的速度往往是受中枢神经系统的兴奋性，注意力的集中，肌肉组织的准备状态，以及遗传因素的制约。要想在一定程度上提高单纯反应的速度，就必须针对上述原因（遗传因素除外）采取相应的方法和手段。

简单反应速度练习方法一般有以下几种：

（1）完全练习：利用已掌握的单一动作或组合动作的完整动作，尽快对突然

出现的信号做出反应，从而提高反应能力。例如，重复蹲距式起跑：根据特定的信号改变运动方向；根据已知对手的动作做出不同的动作；对快速移动的目标等的快速反应。这种完整的信号响应练习在初级阶段特别有效。

（2）分解练习：因为简单动作的反应是通过具体、有目的的动作及其组合来完成的，所以进行分解练习可以充分利用动作速度来传递简单反应速度的效果。

（3）改变练习：通过改变练习的形式，玩家可以在改变的条件下完成练习。改变练习形式主要有两个方面。第一种是改变接收刺激的方式，例如从视觉刺激到听觉和触觉刺激。第二，改变回应方式。采用转化练习，不仅能有效提高人体各受体的功能，缩短简单反应时间，还能提高练习的积极性，避免不必要的兴奋扩散，提高训练效果。

（4）感官训练：感官训练是一种体能训练与心理训练相结合的方法。在人的反应过程中，提高对分钟时间的辨别能力，从而提高反应速度。这种锻炼方式对体育实践具有一定的现实意义。动觉练习一般要经过三个阶段。

第一阶段是接收信号后，以最快的速度响应信号（例如，做一个5米的起跑），然后得到这个反应练习的实际时间。

在第二阶段，参与者估计他们花了多少时间练习自己的反应，然后将其与实际时间进行比较，从而提高他们对时间感知的准确性。

第三阶段是当玩家估计时间与实际时间在大多数情况下吻合时，玩家就能够准确地确定反应时间的变化。在实践中，按照要求的时间来完成一个反应过程，玩家确定时滞能力会更强，能够更自由地掌握反应速度，提高反应速率。

此外，玩家的注意力方向与他们的快速反应能力有关。在练习中，应该要求选手专注于即将进行的动作，因为专注于动作比专注于信号更快。注意力的方向与肌肉紧张有关。通过专注于动作，参与完成动作的肌肉张力会增加，能够加速动作的完成。

2. 练习复合反应速度

体育运动中的复杂反应大多是选择性反应。选择反应通常有两种形式。一是对运动目标的响应，即对运动对象的变化的响应；二是对动作选择的反应，主要是指根据对手动作的变化所做出的相应的动作反应。因此，复杂反应速度练习还包括目标移动练习和动作选择练习。

（1）移动目标练习：首先要注意对运动物体的视觉观察能力。这种能力可以通过在不同的位置、方向和速度的传球来提高。但在实践中要重视注意力的方向和分配。第二，加强"预测"能力。要培养提前"观察"和"注视"移动物体，提前确定移动物体可能的方向和速度的能力。这种能力应该在技战术动作改进的过程中得到提高。第三，自觉引入和增加外部刺激因素。

（2）选择动作练习：根据对手动作的变化做出相应的动作反应，是人体反应与特殊体育密切结合的一种形式。这种练习是高度专业化的，但对特定运动的影响是非常明显的。选择动作练习包括两部分。首先，它需要在特定训练中使选择的情况复杂化。例如，在练习中提供更多的反应性动作。这增加了反应过程中的选择和难度，提高了中枢神经系统的分析和辨别能力，缩短了反应时间。第二，该练习试图训练运动员利用对手可能改变自己动作的"提前信息"。这种提前信息可以通过观察对手的姿势、面部表情、眼神交流、准备来收集。一旦能准确地认识到对手动作可能发生的变化，就能快速准确地选择相应的动作进行回应。

（二）灵敏素质的训练

敏感质量具有明显的工程特性。由于运动技能的不同，对质量和神经反应的要求也不同，对灵敏度的质量要求也不同，从而在不同的项目中体现质量的敏感性各有其特点。

影响灵敏度的因素是多样的，其中主要包括解剖学（尺寸、重量）、物理、心理（情感）、经验（经历）的运动技术技能和其他质量发展水平（如力量、速度、耐力、灵活性质量协调发展）等。

1. 运动神经过程测试练习方法

目的：评价被试者对信号刺激反应的准确性和速度，反映运动员对动作节奏的敏感性、协调性、掌握程度和分化抑制能力。

练习仪器：运动神经过程测试仪。

练习方法：受试者坐在前面的乐器，每个手各拿一个按钮开关，眼睛注视灯光符号，测试者为参与者提供一组符号，每个符号要求测试者根据箭头符号正确反应，如受试者反应错误，仪器发出特殊声音，参与者应立即纠正。改变符号模式，共测试六组，记录每组的时间和错误数，取最快响应组的时间和错误数。

2. "反应速度竞赛"练习方法

目的：通过"反应速度竞赛"练习，提高眼手协调能力。练习工具："反应速度竞赛"软件。

练习方法：按下"开始"按钮开始，然后等待背景颜色变化，只要变化了，立即点击"结束"按钮，就可以测量自己的反应时间。为了减小误差，可以对几组进行测试，如6—10组，记录每组所花费的时间，取平均值作为运动员的反应速度。

3. 《连连看》游戏练习法

锻炼目的：通过游戏来锻炼玩家（玩家）的视觉敏度、手指点击鼠标的速度和准确能力。

练习器材：连连看游戏。

练习方法：游戏分为简单、普通、困难三个等级，各11个等级，共33个等级。游戏规则是选择一对相同的牌连线，但这种连线必须避免其他牌，它的路径不超过两个拐弯，如符合要求，消除这副卡而得分，每个游戏玩家需要时间消失之前清除所有牌，当任务的完成可以进入下一阶段；当出现残局时，游戏将自动重置。

第二节　电子竞技教学中的智力素质培养

一、电子竞技选手的智力素质

韦氏词典将智力定义为"学习、理解或应对不熟悉或困难环境的能力。"作为一个心理学术语，它的科学定义还没有定论。有学者关注推理和推理能力，也有学者关注行为功能。一些是智力上的"软件"问题，比如你的学习水平；另一些是"硬件"问题，比如你大脑工作的速度（从广义上说）。

电子竞技源于现实中的各种竞技，在虚拟信息空间条件下，真实的竞技本身并不是体验虚拟电子竞技的重要条件。真正的体验源是在虚拟环境中，运动员用项目自身的时空感获得存在感。例如，时间、空间、运动等决定竞技状态必须考虑的因素，在虚拟信息空间中随运动主体的信息加工条件而发生变化，所以体育主体的意识过程也必须改变。为了进一步参与竞争对手的信息空间和时间概念，其相应的存在感等都会不同于真实竞争过程的反应。

在现实比赛中，运动员借助自身运动系统的生理、心理、技战术储备，通过对内外部环境信息的知觉预测、模式识别、线索分析和直观决策，做出运动决策。运动员竞技水平不仅取决于运动技术能力，如运动技能发挥的力量等技术因素的有效距离、速度和与生物相关的能量机制，也应该意识到内部处理的效率和精度，如模式识别、对于有效线索的提取效率，以及运动决策和其他因素。电子竞技完全忽视了参与者的身体需求，而是使用选定的虚拟角色在竞技情境中竞争。在电子竞技中，基于信息加工的智力理论担负着揭示内部心理加工过程的任务，能够反映内部加工过程的智力水平，多表现在运动员在竞技过程中的反应时间和正确率上。更重要的是，完成电子竞技所需的信息处理任务对玩家多元智能的要求更为突出。

（一）智能结构要求的多元性

从竞赛内容的统一来看，电子竞技可分为休闲竞赛和战斗竞赛。不难看出，竞赛项目均为技术战术要求较高的模拟项目，其运作思维过程的信息处理复杂性丝毫不亚于真实竞赛过程。

在加德纳教授的多元智能理论中，他认为，人类的智能是多样化的，每个人都有以下能力：（1）口头智能——有效使用口头或书面语言的能力。（2）数理逻辑智能—有效使用数字和推理的能力。（3）视觉空间智能——真实感受视觉空间，并表现感知。（4）体动智能——善于运用全身表达思想感情，双手灵巧地生产或转化事物。（5）音乐旋律智力——发现、辨别、改变和表达音乐的能力。（6）人际智力——发现和区分他人的情绪、意图、动机和感受的能力。（7）自我认知智力——有自我意识并相应地采取行动的能力。

电子体育能够真正模拟真实环境中的"声、光、色、动"，在多媒体平台上得到最完美的有机统一。从虚拟现实的角度和从玩家的角度的处理其庞大和丰富的信息量，不仅能逼真地模仿真实的环境，而且能在各种实际情况，不受现实的限制来模拟各种各样的虚拟环境，让玩家充分刺激的同时，极大地扩大了想象的可能性和丰富了信息渠道的多样性。这种对传统活动的突破不仅对人的功能活动提出了建设性的挑战，也突破了传统文化中偏向逻辑语言而忽视了艺术教育和情感教育（人格）的偏见。对于想象力丰富的青少年来说，这种活动是一种新的体验，可以大大提高智力的发展。

（二）自我意识的充分拓展性

不同于漫无边际的网络游戏，电子竞技运动在虚拟世界中有限定的参照界限，即一定规则，这约束了运动主体在竞技过程中角色扮演的存在性是简单而鲜明的，因而在完成竞技过程中体现的是人与人的互动关系，总体来说，基于虚拟现实技术的电子竞技运动具有以下特点：角色扮演的自主性、竞技过程的交互性、虚拟时空的存在性。在虚拟现实技术的帮助下，电子竞技模拟的真实环境越来越逼真。例如，电子飞行运动可以完全模拟飞行时的座椅倾斜和振动，让参与者感受到加速和冲击，刺激他们的平衡感，克服现实环境森林闭塞、偏远、危险、不方便到达、无法到达等限制，或者使操作变得方便。电子竞技是一种真正受欢迎的娱乐形式，与其他娱乐形式相比，它相对健康。

（三）运动信息模式识别的复杂性

在以虚拟空间为媒介的"人机"互动模式背后，电子竞技真正的面孔是完全现实的"人—人"对抗。从人类生态效度的角度来看，电子竞技中的信息处理与模式识别的实际动态过程非常相似。与真实的运动不同，电子竞技更注重训练和提高参与者的思维能力、反应能力、身体协调能力和意志力。在信息输入阶段，电竞主体模式识别的预测成功与否取决于视觉线索的提取和利用。由于电子竞技与真实体育中双目立体视觉存在较大差异，因此存在功能缺陷。视觉通道只包括屏幕上视口区域中观察者相关的位置、方向和视野，在清晰度和灵活性方面无法与真实过程中的视觉通道相比。然而，由于视野的缩小，竞争对手对形势的关注会更加高效，从而使宏观调控产生更加快速高效的优化决策。真实运动中的模式识别并不是基于当前观察现实的最终判断，而是时空感知对运动轨迹的部分线索的预测，是假想未来的格式塔化。虚拟信息空间为移动主体提供了同样的信息判断条件，甚至要求更高。像FIFA这样的游戏既需要多点判断，又需要整体预测，可以说这类电子竞技需要前所未有的大脑活动。

多媒体3D真人角色扮演游戏，如《反恐精英》是在计算机模拟的环境中完成任务，强调合作与集体战术来取胜。无论是哪种电子竞技，重点主要在于运动员的操作思维所表现出的战术规划能力和决策判断能力，而外部操作过程则体现出高度协调的精细运动技能。在不考虑整体战术需求的情况下，基于模糊信息集的电子竞技识别和反应就像选择按哪个按钮一样简单。对于真正的玩家来说，这种看似简单的决策行为实际上是他们自身运动能力与信息线索的捕捉和处理效果比较的结果，对技术和战术的要求非常高。

（四）脑信息加工效率的迅捷性

在电子竞技的高水平上，有效的专家预测模型总是能够更早地提取关键信息，而不是等待最终的关键信息结果出现。当然，这种提取不仅是一种空间视觉处理，还依赖于复杂的信息表征存储系统以及临场相关与不相关因素的交互作用。信息预测的专家模型依赖于高度专业化的知识结构来准确地完成任务。根据认知理论，电子竞技过程中的变异性在感觉、感知和运动之间的联系中起着非常重要的作用，这正是电子竞技的魅力所在。

（五）直感思维决策的精确性

由于电子竞技游戏的间接性，玩家在虚拟或虚构的竞技情境下的思维方式与其他真实竞技运动的焦点有所不同。在实际的信息处理过程中，电子竞技与真正的体育运动一样，依靠直觉思维来做出决策。系统动力学认为，连续行为的过程是基于感知流与运动状态空间的交互作用，连续时间的变化会使与反应行为相关的"运动主体—环境系统"状态发生变化。视觉加速度模式不仅告诉了运动者有关的适宜的运动模式，而且视觉加工速度因运动中注视与扫射对目标产生的知觉恒常性，也能保证在游戏过程中精确的方位控制。

电子竞技运动的主要特点之一就是在对抗中忽略身体因素的同时，最大限度地考验了主体的中枢神经系统。这种忽略体能而强调技能发挥的认知操作过程从外在看更像智力游戏，除了动员一些精细肌肉群进行相关的操作思维活动，与现实竞争过程仍然有巨大的差异，这给运动员在虚拟环境条件下操作思维能力的充分发挥提供了空间。有时候，电子竞技更像是一款战略游戏，就像《FIFA足球》，玩家可以控制场上所有虚拟角色的移动，以实现预定的战术目标。玩家更像是教练，而不是球员。与真实运动员相比，项目对运动主体的注意质量和感知广度的要求有所提高，运动主体的自主决策能力变得更强了。因此，在受各种因素复杂性制约的动态决策过程中，电子竞技玩家具有较大的即兴发挥自由。

二、电子竞技运动教学的智力训练方法

（一）多种信息渠道并用，提高选手的感受、判断能力

总的来说，对于如何正确合理地采用个人技术和战术配合，运动员应该具有良好的现场观察和判断能力。在即时战略游戏（CS）的培训中，强调他们根据观察屏幕上位置、距离、方向和特征的攻击而采取有效对策，及时捕捉掩护、策应、交叉换位等待进攻时间。比如在《FIFA》里要求选手快速判断球传球路线，抢占有利位置，提高战术预测和自适应，抑制进攻方前进速度。无论场上双方的战术体系多么不可预测，都要求球员尽快观察和判断，并能在观察和判断中发现问题，提出问题和解决问题。

（二）精细训练培养选手快速反应能力

由于大多数电子竞技依赖于手指的相应肌肉群，所以选手手指的灵巧和准确是电竞运动的必然要求。优秀的动作和反应能力离不开运动员的注意力和直觉敏感度。根据心理学研究，要培养精细运动技能，就要对身体各环节的大肌肉群进行综合训练，实现真正的协调发展。电子竞技运动要求电子运动员具有特殊的智力技能模式。通过对身体各方面的训练，不仅可以提高运动员的精细感知能力，而且可以增强本体感知能力。从而提高身体的协调性，进一步增强大脑皮层运动中枢控制运动的能力。

（三）借助先进手段提高选手感知精确性

生物反馈技术在国外的应用非常普及，体育界也开始采用生物反馈技术作为运动员心理训练的有效手段。使用现代设备的生物反馈训练不仅可以调节情绪、消除过度紧张、提高各器官系统功能的函数，而且还有助于提高体育意识，加快体育技能的形成，进一步协调和熟练技术，通过生物反馈技术可以有效提高电子竞技体育运动员视觉、听觉和触觉。

（四）通过不同手段强化选手思维能力

思维能力是智力的核心。它的显著特点是灵活性、敏捷性、独创性等。因此，

训练要善于拓宽选手的视野，培养他们多方位、单向的思维能力。鼓励大胆联想，自觉帮助玩家对技战术进行全面分析和抽象总结，引导玩家从感性认识向理性认识发展，从而做出质变。这就要求玩家要反复练习和组合，敢于质疑，富有想象力和创造性，找到问题的根本解决之道。训练一般也可以采用"组合练习"，使运动员的思维活动不断地进行。在电子竞技比赛中，双方必须能够迅速、准确、及时、果断地采取行动，调整攻防节奏，使自己的思维活动向纵深发展。电子竞技强调玩家的因果推理和创造力。因此，在体育运动的过程中需要运动员的战略分析和对战术态势的把握。实际的决定是瞬间做出的，决策者（电竞玩家）的主观判断和他们对画面模式的偏好（虚拟"自我"的选择）起着重要的作用。

（五）加强选手专项推理能力的训练

游戏中的各种情境都可以帮助玩家从已有的知识中萌发出新的知识。推理的能力是通过运动的运作，而不是完全依赖于概念和表象。活动是一个环连着一个环，不断地进行着。任何错误判断推理将影响技术水平的发挥，这就要求运动员要有深厚的情绪感染力，还要有正确的快速直观的感知能力，通过推理判断采取有效措施和方法，使误差降职最低程度，从而在比赛中掌握主动权，为胜利奠定坚实的基础。通过反复练习，对判断推理能力的提高有明显的效果。

（六）虚实结合提高选手对抗的竞赛意识

无论是在现实中还是在虚拟电子竞技中，应变能力都是意识与能力的统一与结合。电子竞技运动是一种复杂、快速变化和激烈的竞争。准确的判断推理，采取合理的技术和战术行动，处理各种复杂多变的情况是玩家必须的条件之一，采取适当、合理的对策，扬长避短有效地限制对方，是选手应变能力的表现，因此在训练中要进行增强现实意识和攻防意识的培训。

事物的变化往往不是以人的意志为转移的，这就要求选手具有适应能力，迅速做出正确的判断，调整各种不利因素，坚持不懈地面对一切变化。在训练中，首先要增强运动员的竞争意识。在实践中，教练员可以通过发送信号来指定电子竞技运动员，快速回答攻防双方所处的位置，并做出相应的判断模式。在训练中也可以采用模拟练习的方法，加强运动员的反应能力。也要求球员在对抗的情况下，根据角色防守和进攻位置的变化做出合理的应变决定。[1]

---

[1] 崔海亭.电子竞技训练方式与战略战术研究［M］.长春：吉林出版集团股份有限公司，2021：45—47.

第六章　电子竞技运动增强心理素质训练

第一节　电子竞技心理学的概念

一、电子竞技心理学的性质与任务

（一）运动心理学的发展

电子竞技运动就是利用电子设备作为运动器械进行的人与人之间的智力对抗运动。通过运动，可以锻炼和提高参与者的思维能力、反应能力、心眼四肢协调能力和意志力，有些电子竞技项目还可以培养团队精神。电子竞技也是一种职业，和棋艺等非电子游戏类似。因而电子竞技心理学从一开始，就和运动心理学有着极为密切的关系。

从20世纪70年代到20世纪末，各个国家都开始重视人民的身体素质，以及体育健儿在国际体育赛场上的竞技表现，体育与运动训练心理学在世界范围内迅速发展起来。社会公众也越来越多地认识到体育与运动心理学研究和应用的重要性。在这一阶段里，关于体育心理学的研究重点是针对体育与运动训练心理学的定性研究和解释性研究。

随着每四年一次的奥林匹克运动会成为全人类的盛会，越来越多有着心理学教育背景的专业人士涉足这个领域，为体育与运动训练心理学的研究提供了更多的学科视角，并针对这个领域提供了一系列问题解决的实践方法，如制定伦理标准、明确不同体育项目的训练内容、颁发职业资格证书等。

（二）我国体育与运动训练心理学的发展

近十年来，中国体育心理学的研究主要包括竞技运动领域的心理学问题：心理训练方法、心理训练评价、心理选材、运动选手、教练员和裁判员的心理特征、心理疲劳的评定和预防、伤病的心理预防和心理康复，以及兴奋剂的心理学问题等；大众的体育锻炼心理学问题：锻炼的参与动机和锻炼的心理效应等；体育教育教学领域的心理学问题：体育学习和课外活动的参与动机和心理效应、运动技能学习、体育教学中的差异心理等；体育心理学的研究方法问题：量表研制及开发实验设计等。

（三）电子竞技心理学的性质与任务

在电子竞技活动中，人们尤其喜欢对电子竞技选手们的心理特征进行讨论。这是由于顶级的电子竞技运动选手和传统的体育健儿一样，在技术能力上差距越来越小，在国际电子竞技决赛的时候，心理问题是决定胜负的主要因素。

电子竞技心理学隶属于体育运动心理学的一个分支。随着体育心理学、运动心理学、锻炼心理学和选材心理学的研究进一步深化，各个专业研究领域的分工也将更为明确。

电子竞技心理学是阐明在电子竞技活动的心理学基础上，研究在电子竞技活动中人的心理活动特点和规律的一门学科。电子竞技心理学的任务就是要研究人在电子竞技活动过程中的特点和规律，包括：

（1）在电子竞技活动中的自我认知、个体差异等各种因素对参与电子竞技活动的影响。这是由于不同的自我概念、归因倾向和不同人格对电子竞技项目的选择和参与程度都会有不同的影响，且这些影响对电子竞技运动选材、电子竞技运动训练和参赛活动都会有不同的影响作用。

（2）在选材、训练和参赛的过程中，选手在运动活动中展现出来的心理规律以及群体电子竞技心理研究。电子竞技运动选材和训练及至参赛的活动都是一个长期的、具有连续性的活动。这三种活动虽然在时间上紧密相连，但其本质却各有不同。探索各个阶段中电子竞技运动选手显示出的心理活动规律，可以帮助他们更好地适应这三项活动的节奏；此外，电子竞技项目是多样的，但是电子竞技运动选手的心理现象却有许多的共通性。研究群体电子竞技心理，为建立优秀电子竞技运动选手心理模型有着重要的作用。

（3）探索在电子竞技活动过程中出现心理障碍的各种解决方法。由于社会观念和电子竞技活动的特性以及电子竞技职业选手这个身份的不稳定性，电子竞技选手面临着比其他传统竞技运动员更多的压力，这些压力引发了电子竞技选手的心理健康危机，严重的情况下，电子竞技选手甚至会面临严重的心理障碍。研究这些心理危机和心理障碍的成因，探索解决方法，也是电子竞技心理学的一个重要任务。

（4）不同年龄段的电子竞技选手的心理特征也是我们研究的一个重点任务。在对电子竞技运动选手的年龄进行的调查中发现，由于电子竞技活动的特殊性，电子竞技的参与者们的年龄分布不均，从十二三岁到三十多岁都大有人在。不同的年龄阶段，人的心理发展也是不同的，此外，不同的年龄阶段还面临不同的社会发展任务，电子竞技心理学还需要对这个方面投入更多的研究，帮助电子竞技运行选手更为正确地面对自己的心理发展变化和做好职业生涯规划。

三、电子竞技心理学的研究方法

（一）电子竞技心理学研究应遵循的主要原则

1.中立客观原则

任何活动的发生和发展都有其自身的规律，我们在研究电子竞技活动中的心理问题时，要时刻牢记采取科学的、实事求是的态度，客观公正地描述电子竞技活动中的客观事实，即便这些资料、结论和社会的主流价值观相冲突、对立，研究者所得出的结论也必须是在充分描述客观问题，并对这些问题进行科学的分析后得出的。

电子竞技心理学的研究还处于起步阶段，目前还没有一套适用于电子竞技心理学的研究体系。大部分研究者都会在一定的理论基础上，提出假设并进行求证。在此过程中，研究者的个人好恶和价值取向会有意无意地通过姿态、表情、动作、语气等传递给研究对象。在这些因素的影响下，研究对象也会对研究结果的正确性产生影响。因此，在研究电子竞技心理学的过程中，研究者一定要秉持中立客观的原则，尽最大努力减少由于个人的好恶和价值取向带来的影响，尽量使研究过程客观公正，从而获得相对科学的研究结果。

2.伦理原则

电子竞技心理学是以人的电子竞技活动作为研究对象的研究活动，这就不可避免地会涉及伦理问题。在一些试验研究过程中，研究者往往要运用一些手段和方法来控制被试者，有些研究过程会侵犯到被试者的个人隐私，也有一些研究过程为了掩饰真实的实验目的而对被试者进行一些隐瞒，从而对被试者造成了一些精神上和肉体上的痛苦。针对这些伦理问题，研究者在研究过程中需要遵守以下伦理原则。

（1）在充分考虑被试者的道德接受能力的基础上制定研究计划。

（2）在进行试验的过程中，尽量向被试者解释此次研究计划的内容和步骤的主要部分；对于需要隐瞒被试者的试验，更需要严格遵守研究程序，并且必须在研究结束后向被试者进行解释说明，争取得到被试者的谅解。

（3）在研究的设计过程中，充分考虑到被试者的体验和安全，尽量减少被试者参与研究的风险。

（4）被试者在研究过程中如感到不适，有退出研究的自由。

（5）严格保护被试者的资料和隐私，如需要发表与被试者相关的研究成果，应取得被试者的同意。

（6）研究过程中要时刻牢记自己的研究者身份，不与被试者建立研究工作以外的个人关系。

3.系统性原则

人的心理活动在各个方面都影响着电子竞技活动，这就需要我们系统地分析在电子竞技活动中人的心理现象产生与变化的原因。系统性原则不仅包括对研究对象进行系统的考察和分析，它也要求用系统的方法来进行研究。在整体性和系统性的过程中把握研究的动态性，按照严格的系统顺序小心求证，并做出反馈。

（二）电子竞技心理学的研究方法

随着电子竞技心理学研究内容范围的不断扩大，在电子竞技心理学的研究过程中，可以借鉴其他体育学和心理学的研究方法，将这些方法与电子竞技活动相结合，使其更加贴合电子竞技心理学的研究任务。

1.观察法

观察法是研究人员借助自己的感官或仪器，对电子竞技活动中各类相关资料进行收集的方法。各种各样的研究工作最初都起源于科学的观察。根据研究人员是否参与到研究的过程中，可将观察法分为自然观察和参与观察。

（1）自然观察法

自然观察法就是指研究者在不对参与者进行任何干预的情况下对参与者的行为进行观察，并记录参与者的活动和相关表现的观察方法，可以收集到大量类别和数量的信息，用以回答"是什么"的问题。

（2）参与观察法

参与观察法就是研究者进入电子竞技活动参与者的情境和关系中，与他们进行互动。这样，研究者作为电子竞技活动中的一员，可以接触到较多的一手信息。不过在此过程中，研究者要牢记自己的观察任务，尽量减少由于参与观察带来的负面影响，在必要的时候，研究者需要隐瞒自己的身份。

观察法是所有研究方法的前提，它具有现实性，能够在被试者最自然放松的情况下得到真实的活动表现资料。但观察法也有它的缺点：首先，并不是所有的行为和表现都是可以被观察到的；其次，参与者在察觉到自己正在被观察的时候，可能会做出不同于平时的行为表现；最后，研究者的主观意愿很容易影响到观察的过程和结果，从而得出不太客观的结论。

2.实验法

实验法是研究者设置严格的实验环境，通过系统地操作自变量，观察因变量在自变量受到调整改变的情况下发生的变化的方法。实验法按照实验环境可分为实验室实验法、现实实验法和自然实验法。

（1）实验室实验法

在运用实验室实验法的过程中，研究者要严格控制各种类型的与实验无关的外部变量，在按照程序改变自变量的时候观察因变量是否发生改变，以及发生什么改变过程，从而得出自变量和因变量之间的因果联系。这个方法的优点是在控制了外部变量的情况下，可以随机安排参与者。但同时也要认识到，实验室的环境和参与者所处的正常环境不一样，参与者会有一定的倾向心理，从而影响实验结果。

（2）现场实验法

现场实验法要求研究者把现场当成一个大的实验室，并对外部变量进行最大程度的控制。这种实验法的优点是，由于参与者在现实的场景中，所以会表现出真实性，而且实验自变量也相对容易控制。缺点是，由于现场会发生一些突发状况，额外变量的出现一方面会影响到参与者的行为表现，另一方面也不利于保护参与者的安全。

（3）自然实验法

自然实验法综合了观察法和实验法两种方法的优点。研究者可以在相同的情境中观察两个以上的对立情况对心理和行为表现的影响。例如，研究者可以在训练的过程中观察不同性格的电子竞技运动选手在战术心理上的表现，来研究不同人格对战术选择的影响。

3.调查法

调查法是研究者要先根据研究的问题划分范围，拟出一系列的问题让参与者回答，然后对参与者的回答进行分析、整理和归纳，来达到描述、解释电子竞技活动心理和电子竞技活动之间的关系的一种方法。调查法可采取问卷法和访谈法两种方式进行。

（1）问卷法

问卷法就是研究者用严格统一的问卷进行资料收集和研究的方法。问卷法的优点在于可以通过邮寄、电子信件等方式进行，可以在短时间内收集大量参与者的反馈资料。在设计问卷的过程中，要有针对性，不能包含具有暗示性和歧义的内容。全面考虑问卷的构成，并适度设计问题的数量，以免参与者产生疲劳厌倦的心理，从而影响调查结果。

（2）访谈法

访谈法是研究者根据特定的目标，在访谈过程中把控访谈问题的顺序和实施方式的一种面对面的调查方法，也是一种直接收集参与者资料的方法。在访谈过程中，研究者要创造一个令参与者放松和信任的氛围，在参与者的积极配合下进行面对面地访谈。访谈法是有一定科学性和有效性的科学研究方法，并不是普通的聊天。在此过程中，研究者要时刻牢记自己的调查目标，并对访谈问题和过程进行机动地变化，使参与者更容易接受。

4.个案法

个案法是以个人或团体为研究对象，在研究过程中大量收集与研究相关的背景、成长经历、事件处理等资料，采取多种研究方法进行统计分析的一种个案历史研究方法。个案法适用于跨文化的比较研究，以及在时间跨度较长的情况下分析行为心理趋势的研究。但是个案法需要耗费大量的人力和时间，且会发生参与者流失的情况。

目前而言，由于电子竞技心理学还处于一个起步的研究阶段，对电子竞技过程中的心理现象的界定还有许多不甚明了之处，因此，现阶段的电子竞技心理学的研究方法主要是采取观察法和调查法。

采取这两种方法，首先是可以为电子竞技心理学的研究收集广泛的资料，了解不同的训练阶段、不同年龄阶段及不同的情境中对电子竞技运动表现产生影响的各种心理因素。其次，可以在广泛的样本资料中，总结出一些简单的电子竞技心理学规律。在这些资料收集的基础上，就可以安排更加科学规范的实验方法对电子竞技心理学进行进一步的深入研究。

个案法也是在目前的电子竞技心理学研究中比较受重视的一种方法。一方面个案法可以从纵向上记录和分析电子竞技运动选手的个人成长和心理发展趋势，另一方面由于电子竞技选手的职业生涯时间相对于传统体育项目较短，且电子竞技运动本身所具备的一些特殊性，可以由此获得大量翔实的心理学资料，不仅可以丰富电子竞技心理学的研究，对电子竞技产业以及心理学的研究都会起到补充研究空白的作用。

（三）电子竞技研究方法的趋势

随着各界学者对电子竞技心理学研究的探索和深入，未来的电子竞技研究方法将出现以下发展趋势。

1.跨文化比较研究

电子竞技是一项国际性的体育运动，它的趣味性和竞技性吸引了全世界各个国家和地区的人们参与其中。在对不同国家和地区的电子竞技活动参与者的研究中，不可避免地会比较不同文化因素对个体的活动行为和心理的影响。一方面考察不同文化背景下的电子竞技活动的行为和心理有没有一致的地方，另一方面也探求不同的文化环境和背景对电子竞技活动的行为和心理的不同影响。

2.跨领域、跨学科的综合性研究

对人的心理活动的研究本来就是复杂的，不同的文化、不同的环境，甚至不同的年龄阶段，都会有不一样的心理表现来作用于人的行为和活动。在电子竞技运动及活动的过程中，也涉及不同学科和领域。为了更加客观、科学地对电子竞技活动进行研究，就不可避免地要综合其他领域和学科来进行系统综合的研究。例如，电子竞技心理学涉及体育心理学、运动心理学、训练心理学、社会学、教育学、发展心理学，以及咨询心理学等各个学科和领域的综合研究。

3.综合运用各类研究手段

在研究过程中，综合运用各种研究手段可以使各个方法的优缺点相互补充，还可以科学运用各种不同学科和领域的研究成果。例如，可以将医学、电子信息技术运用到观察测量中，配合实验和访谈，得出科学且客观的结果。

4.学习国外的研究成果，并将研究工具本土化

我国在体育和运动心理学上的研究已经缩短了与西方的差距，但对电子竞技心理学还没有足够的重视。由于文化价值观的原因，中国的大部分群体对电子竞技的心理研究还停留在对"网瘾"的预防和控制上，对电子竞技整个行业还存在一些偏见。但是随着整个行业展现出蓬勃的发展势头和强大的生命力，以及国外的心理学学者投入这一领域进行研究，国内的学者也渐渐正视研究电子竞技心理学的价值。在对国外研究工具的使用上，有以下几种使用方式。

（1）有一些实验工具和仪器是可以通用的，对这些工具可以直接使用，作为我国研究问题的工具。

（2）对于那些不能直接使用的工具，要虚心学习它们运作的机制和方法，在掌握其原理的基础上对它们进行改造、调整，使之成为适合我国使用的研究工具。

（3）在学习先进理念和客观认识我国电子竞技运动选手现状的基础上，研制开发属于自己的研究工具，从而为世界的电子竞技心理学做出自己的贡献。

（4）世界是发展的，电子竞技运动是发展的，因而电子竞技心理学也要不断发展。我们要不断与时俱进，积极适应新形势，调整研究工具和方法，使之更符合我们的研究要求。

5.理论研究与训练实践和教育实践相结合

电子竞技心理学的研究涉及理论的创新和发展。由于人的行为和心理是相互作用的，所以只有将电子竞技心理学中的理论应用到电子竞技训练和教育实践的过程中，才能不断检验理论、丰富理论，并以不断进步的理论引领着训练实践和

教育，促进电子竞技活动参与者的个体心理积极发展，进而凸显出研究电子竞技心理学的价值。

（四）正确看待电子竞技心理学的研究结果

体育心理学在20世纪才发展起来，作为一门年轻的学科，它虽然已经获得了许多令人骄傲的研究成果，但由于不同文化和历史阶段的原因，研究者对体育心理学和运动心理学研究成果的推广还存在一定困难。电子竞技心理学也一度因为电子竞技行业形象的问题而饱受指责，使得研究大多停留在对"网瘾"的研究上。随着社会对电子竞技行业的改观，以及对电子竞技的体育性和对抗性的认可，再加上电子竞技运动选手由于年龄偏低、经历较少、缺少社交而产生问题，人们往往津津乐道于运动选手们的心态，进而扩大了电子竞技心理学的适用范围和效果。

此外，国外在电子竞技俱乐部的设置中，往往会为运动选手们安排专业的心理咨询师来解决他们在训练、生活和比赛中的心理问题。由于取得了一些积极的成果，人们对电子竞技心理学的期待提高了，但是国外的研究成果不一定适用于我国国情。因此在进行电子竞技心理学研究的过程中，学者们要秉持客观、科学的态度，在看待电子竞技心理学研究结果的同时，也要明确这些结果的局限性和它特有的适用范围，重点在于坚持不懈地进行科学研究，增强研究成果的解释力和适用性，而不仅仅是纠结于一个结果。

四、电子竞技心理学的发展方向

（一）电子竞技心理学的研究内容将进一步深化

电子竞技从出现到成为一个巨大的产业，只经历了不到40年的时间。在这段时间里，针对电子竞技和电子游戏的争论也限制了电子竞技心理学的研究。对于电子竞技活动的爱好者而言，由于电子竞技活动往往与学业和工作相冲突，以及社会主流价值观在前期对于电子竞技活动的不认可，使得进入电子竞技心理研究领域的心理学家、社会学家和教育学家等学者，都将研究重点放在了对电子竞技活动危害的研究上，而这些研究活动往往都带有一定的预设立场，求证出的结果大多也是负面的，这在一定程度上阻碍了电子竞技心理学健康、系统、全面的发展。

第一，电子竞技作为一项体育运动，既诠释了体育精神，又锻炼了人的手眼协调和反应能力，在宣泄不良情绪、建立人际关系上，可以塑造青少年健康的人格，发展社交技能，并在减少抑郁症的发病率等方面有着重要的作用。

第二，电子竞技可以承担信息时代道德教育的责任。在公平、公正、公开的游戏对战平台上，青少年可以在竞技的过程中将道德信念、道德意志付诸道德实践，不断深化对真、善、美的追求。那些在国际上取得优异成绩的电子竞技运动选手不但可以为国争光，也可以成为青少年学习其坚持不懈的意志的正面榜样。因此，电子竞技和传统体育一样，不仅对运动选手及参与者的身体素质有所锻炼，它也有道德教育的功能，是当今信息社会中不可或缺的一种德育手段。

第三，电子竞技成为青少年智力开发的新途径。青少年时期是智力发展的重要阶段，电子竞技的所有游戏项目都需要智力的参与。在电子竞技活动过程中，思想活动的表达、语言的理解、逻辑推理和视觉空间智力的开发有着密切的联系，可以说，各种智能的开发都可以在电子竞技项目中找到相应的触发点。

第四，电子竞技引领青少年的审美活动新体验。电子竞技的游戏项目在人物造型、画面设计、特效动态和色彩搭配上一直不断发展，这让电子竞技运动选手及参与者都可以在竞技过程中感受美、体验美，甚至受激发创造美。

第五，电子竞技成为信息技术扫盲新手段。在电子竞技活动中，人们需要具备可以熟练收集信息和处理信息的能力、熟练操作电子竞技设备的能力、提高自身与电子竞技项目相匹配的反应速度，以及配合和对抗的能力。在此过程中，参与者潜移默化地掌握信息社会需要具备的信息技术能力。

第六，电子竞技是当代"群育"思潮的新实践。人是社会性动物，从古至今，人的生产、生活活动都与群体密不可分的。合作和竞争是人类社会中最主要的互动关系。群体教育最重要的是对人们合群、合作、和平共处、宽容和容忍等品质的训练，而这些互动关系和品质在电子竞技运动中也得到了体现。在对电子竞技运动选手的采访中，绝大多数选手都表示，在电子竞技过程中享受到的与队友团体合作的激情、伙伴间结成的深厚友谊，以及在训练中锻炼的良好品质是他们最主要的快乐来源，比赛的胜利只是第二位的。

综上所述，两位学者全面阐述了电子竞技在教育界的正面作用，我们从中也可以看到道德、训练、智力、美感、技术能力、群体这些关键词，都与心理学息息相关。心理学不仅要探讨在电子竞技活动中对参与者心理现象的描述和解释，还要反过来探索电子竞技活动对这些心理因素的反作用。在对电子竞技心理学的研究内容上，各界学者将结合他们自己的经验和知识，对电子竞技心理学的各个方面进行研究，包括参与者对自我的认知、人际交往对电子竞技活动的影响、动机和目标与电子竞技活动强度之间的关系、电子竞技活动优秀选手的模型、运动选材指标能在多大程度上预测运动选手的成绩、技能的学习和训练的环境对参与者的心理成长和发展的作用，以及电子竞技选手的退役问题。针对电子竞技运动选手的心理干预，跨文化比较不同的电子竞技运动选手等问题的研究，将不断丰富着电子竞技心理学的发展。

（二）电子竞技心理学的研究分工将进一步明确

目前，社会各界对电子竞技心理学的研究愈发深入，随着电子竞技心理学内容的研究范围不断扩大，未来电子竞技心理学的分工将分为以下几个方面。

1.电子竞技学术理论研究

电子竞技学术理论研究的主要工作是研究电子竞技心理学的理论和方法。学术理论研究的工作者们除了负责理论和方法的研究工作，还需要讲解和传授电子竞技心理学的知识，并在某些情况下开展实验研究，如果研究成果通过检验，将有可能得到推广和应用。

2.电子竞技应用研究

从事电子竞技心理学应用研究的学者们的主要工作是将电子竞技活动和心理学的理论及方法运用到竞技活动的情境中去，用以提高电子竞技活动参与者的心理健康和运动表现，并在实践中不断总结经验。应用研究可以进一步分为电子竞技临床、咨询研究和电子竞技教育研究。

（1）电子竞技临床、咨询研究

目前，从事电子竞技临床、咨询研究的大多是具有职业资格的心理学家。他们主要解决电子竞技活动中运动选手的情绪障碍、性格障碍及应激障碍等问题。由于电子竞技运动选手往往较为年轻，且承受着巨大的压力，这对他们的学习、生活和训练都有着直接的影响，所以他们需要具有心理咨询经验或临床心理经验的心理学家们进行辅导和帮助。

（2）电子竞技教育研究

电子竞技教育研究的任务是需要那些具有心理学知识的学者们，将心理学知识传授给电子竞技运动选手及教练员们，帮助他们掌握心理技能，从而提高竞技运动的成绩，并教育电子竞技的参与者们将这些心理学知识运用到自己的日常生活中，提高自身的心理健康水平。

（三）电子竞技心理学与游戏心理学的进一步区分

目前，社会上还有相当一部分人群将"电子竞技"等同于"玩游戏"，这种概念上的混淆使人们将电子竞技心理学当成游戏心理学的一部分，但其实这两者的研究对象和研究内容是完全不同的。

虽然两者都是对人的活动心理进行研究，但是游戏心理学的研究内容主要是游戏玩家的游戏忠诚度、游戏黏度、影响玩家参与游戏的因素，以及玩家对游戏的消费心理等，这些内容主要是为游戏的开发和设计服务的。电子竞技心理学从属于体育运动心理学的范畴，是研究贯穿于电子竞技整个活动中电子竞技运动选手及参与者们如何克服心理障碍，提高心理健康水平，从而提高竞技成绩的一门学科。虽然两者有交叉的内容，但是它们的本质是不同的。

（四）正确看待电子竞技过程中的国别和跨文化等问题

电子竞技运动是一个超越了国别和年龄的全球性运动，韩国由于得天独厚的条件，在电子竞技的发展上已经探索出一套相对完整的选材、训练、学习及管理体系。中国的电子竞技虽然起步艰难，但随着整个产业的发展，也表现出了惊人的生命力，电子竞技运动选手们屡次在国际竞技台上夺冠，这些成就在让西方国家惊讶之余，也使人们产生了"亚洲电子竞技运动选手是不可战胜的"的观念。国外某电子竞技运动选手曾在采访的时候说过，"中国选手是唯一让我输得心服口服的对象。"中国电子竞技队伍在外出比赛的时候，也被教练教导过，"我们是来拿冠军的，他的奖杯走的时候直接扔机场。"这些带有固定倾向的认知也会对运动选手和参与者产生心理影响。

随着电子竞技俱乐部的国际化，为了取得比赛的胜利，俱乐部中往往有多个国家或地区的选手在同一个队伍中训练、学习。那么在这些跨国、跨文化的选手之间，他们的交流、交往给双方带去的心理影响也是一个值得深入研究的课题。电子竞技心理学的服务对象包括不同国家、种族、文化、宗教，甚至不同性别的个体，了解他们对电子竞技运动的理解，会展现出许多不同的思考方式对于电子竞技活动的影响。

1.电子竞技心理学中的多元文化训练

面对整个电子竞技运动的全球化，我们不可避免地要讨论对电子竞技心理学进行多元文化方面的研究。在这个过程中，首先，我们要客观而警觉地认识到多元文化的存在；其次，要增加对不同文化下的电子竞技活动参与者的认识；最后，要在学习训练的过程中有意加强对不同文化下电子竞技活动技能的发展，以包容和开放的心态接受文化的多元性。

2.正确对待电子竞技运动与攻击、侵犯行为的关系

许多教育学家曾指出，某些射击类的电子竞技项目会增加参与者的攻击性，甚至助长他们的侵犯行为。但在针对广大的电子竞技参与者的调查中发现，射击类电子竞技项目不但不会增加参与者们的攻击性，相反，由于在游戏项目中释放了压力，他们在面对生活中的挫折时反而展现出了低焦虑和灵活解决问题的态度。当然，由于电子竞技游戏项目质量的参差不齐，有些游戏确实因为血腥和暴力给人不适的体验，但是与电子竞技项目和攻击、侵犯行为之间的关系并不是一个非此即彼的关系。在进行电子竞技心理学研究的过程中，如何正确对待研究电子竞技运动与攻击、侵犯行为之间的联系，例如，电子竞技项目中的哪些因素会引起侵犯动机、如何预测和控制侵犯动机和攻击行为等，都是值得学者们思考研究的

方面。

第二节　电子竞技心理技能训练

一、电子竞技心理技能训练概述

（一）心理技能

心理技能是通过练习形成的能影响个体心理过程和心理状态的心理操作系统，是一种与人类生活、学习、工作、劳动、身心健康，以及调节与提高人体身心潜能相关的，于人脑内部形成的内隐技能。竞技运动选手的心理技能主要是指，在学习竞技运动技术，以及在比赛中把最好的技术水平表现出来的过程中，需要调整和控制自己的心理过程及心理状态的技术。这些心理调节技术通过大量的练习并被熟练掌握后，达到能有效运用的高度，就形成了心理技能。

心理技能的训练需要先天因素和环境教育因素两方面的配合。要想成为一个优秀的电子竞技运动选手，除了拥有先天的遗传素质外，后天的勤奋练习和系统的科学训练也是不可或缺的。

在综合调查世界上许多优秀竞技运动选手的心理特征后，我们可以依此来培养竞技运动选手的心理技能。学者们经过研究，发现优秀的竞技运动选手具有以下的心理特征。

第一，具备从事专项运动应具有的个性特征。

第二，对成功与失败能够采取一种可控的内部归因。

第三，对最后获得成功有着自信和信念。

第四，有内在动机。

第五，对运动成就具有较强的任务目标定向。

第六，能够集中注意于当前任务。

第七，具有情绪和心理唤醒水平的能力。

第八，面对逆境具有较强的应付能力。

第九，能够制定不同目标计划，并拥有完成这些计划的能力。

第十，有使用自我谈话、表象、自我调节和其他心理学方法来树立信心和提高动机水平的能力。

最后，具备较强的心理韧性。

针对以上特征，美国高级教练员培训教材提出了五种与运动选手表现有关的心理技能，分别是焦虑控制、认知控制、环境控制、身体放松和唤醒水平控制。

此外，根据一些运动选手心理测量的数据也能得出一些和竞技运动表现相关的心理技能，如心理准备、自我暗示、团队精神等。

（二）心理技能训练及其意义和作用

在竞技场上，如果一个运动选手没有出色的自我调节和应对压力的能力，即便他的技术与技巧再出众，在赛场上都很难会有出色的表现。

在电子竞技的赛场上，我们经常会看到，一个各方面实力都很不错的运动选手，在一次失误之后就节节败退，最终输给了一个很普通的对手；也会遇到一支比赛实力很强的战队，仿佛进入了一种"被诅咒"的怪圈，永远困在四强之外；更会遇到一些实力平平的运动选手，黑马一般斩落卫冕者成功夺冠。这就日益凸显出心理技能训练在运动选手的成长和竞技表现中发挥着重要作用。

心理技能训练的意义和作用都体现在哪些方面呢？根据学者们的研究，可以归纳为以下几个方面。

1.心理技能训练的意义

心理技能训练是竞技运动训练的重要组成部分。心理技能训练与技术训练、身体训练、战术训练一样，是现代竞技体育运动科学化训练体系中不可缺少的一部分，它影响和制约着运动选手身体技术、战术水平的发挥和提高，可以促进运动选手的心理过程不断完善，并形成专项运动所需要的良好个性心理特征，为创造优异成绩，达到最佳竞技状态，奠定良好的心理基础。

心理技能训练追求迁移的效果，不但能使运动选手对某种情境中的某个问题的心理调节能力得到提高，而且能使选手对其他情境中其他问题的应对能力也得到提升，不但使运动选手在自己的运动生涯中受益，还能使其终身受益。在心理技能训练中获得的竞争意识、合作精神、顽强的意志、处理危机的能力，以及正确对待成败的态度等优良心理品质，可以使他们将来更加从容地应对生活中的各种挑战。

2.心理技能训练的作用

第一，心理技能训练有利于促进运动选手的心理过程不断完善，形成适合专项运动所需要的良好认知能力（专门化知觉训练等）和人格特征（稳定的情绪、自信和正确的归因倾向）在电子竞技运动过程中，有的运动选手习惯了单独作战，在和团队进行配合的时候，只顾自己眼前的得失，赢了就沾沾自喜，以为自己撑起了一整支队伍，而输了就会埋怨队友。这种情况下，不仅他本身的优势难以发挥出来，并且在和队友的交往中也会产生负面影响。而队友间产生嫌隙后，配合起来会更加困难，严重时将导致整支队伍面临解散的危机，这就是由于运动选手情绪不稳定、存在不良的归因倾向造成的。

第二，心理技能训练是帮助运动选手掌握自我心理调节的方法与策略。心理技能训练是让电子竞技运动选手能保持一个良好的心理健康水平的有力工具，它可以避免许多心理问题，防患于未然，将问题解决在萌芽阶段，从而减少、降低心理因素给训练和比赛带去的负面影响。

第三，心理技能训练有利于运动选手形成及提高适合训练与比赛发挥所要求的心理状态能力，从而为运动选手创造优异成绩奠定良好的心理基础。

由于顶级的电子竞技运动选手们在技术上的差距日益缩小，所以在比赛时的心理承受力，逐渐成为决定比赛胜负的关键性因素。一个拥有良好心理承受力的电子竞技运动选手，在面对和自己旗鼓相当的对手的时候，可以不骄不躁，发挥出正常水平；在面对实力强于自己的对手的时候，甚至可以超常发挥出令人惊讶的水平。这些都是在长期的心智技能训练下取得的成果。

第四，心理技能训练有利于掌握和改进动作技能。动作技能的训练不仅依赖于对肌肉运动的训练，而且也需要对大脑的心理技能进行训练。

在训练或者比赛之前，我们经常会看到一些运动选手闭着眼睛念念有词，或者在面前用手画出一个又一个令人不解的图案。其实，他们这是在自己进行表象训练，在心里反复演练着技术动作，在实际操作的过程中，动作表达会更加到位，甚至达到自动化的水平。

第五，心理技能训练有利于消除身心疲劳，加速身体恢复。通过综合运用医学、生物学、教育学和心理学等手段，以及利用生物反馈仪等高科技仪器检测，可以发现，心理技能训练可以加速消除疲劳、恢复体力和脑力的进程，尤其是其消除竞技运动选手神经系统的疲劳效果，能够帮助竞技运动选手的身心健康发展。

电子竞技训练难免有单调枯燥的时候，电子竞技运动选手长期重复训练一个技能，会产生心理厌倦和生理疲劳。运用心理技能训练方法，如放松训练等，可以有效缓解竞技疲劳，帮助运动选手保持一个健康的训练状态。

（三）　心理技能训练的原则

心理技能同战术能力、身体能力一样，可以通过系统的训练来获得与提高。但同时，心理技能训练也是一项复杂且差异性很大的工作，为了保证训练效果，在心理技能训练过程中，应该注意以下几点。

1.结合专项训练

在实践过程中，要处理好心理技能训练和身体素质、技术、战术训练之间的关系，应该把心理技能训练同专项训练有机地结合起来。如果在训练中，仅注重电子竞技运动选手在静态状态下的心理技能训练，而忽略了心理技能训练和专项训练的结合，将会从很大程度上削弱心理技能训练的作用。

例如，在一些第一人称射击类的电子竞技项目中，该项目的电子竞技运动选手相比其他项目的电子竞技运动选手的心理能力（如对反应速度和注意力集中能力）的要求会更强一些。在心理技能训练的时候，就可以着重在注意训练和放松训练上进行针对性训练，帮助第一人称射击项目的运动选手保持高注意水平，并获得快速放松的能力。

在实践中发现，优秀的技术、战术训练中，必定有心理技能训练的因素；反之，心理技能训练只有在结合专项训练的过程中才能焕发出更加强烈的生命力。

2.积极自觉

心理技能训练，只有在得到运动选手和教练员认可和配合的情况下，才能在训练时间和训练质量方面得到有效的保证。如果运动选手和其他队友们不相信心理技能训练的作用，不了解心理技能训练的原理，对心理技能的训练持怀疑、观望甚至否定的态度，在这样的情况下，心理技能训练不仅不会产生良好的效果，甚至还会起到相反的作用。因为任何心理技能训练手段的掌握和应用都需要在人的主观能动的状态下才能起作用。如果失去了内部的动力，产生了厌烦和对立的情绪，那么就失去了心理技能训练的意义。因此，在对电子竞技运动选手进行心理技能训练前，要对运动选手和教练员阐述心理技能的作用和意义，帮助他们正确了解心理技能训练。在训练过程中，要不断启发、鼓励他们完成心理技能训练，并在训练过程中总结自己的经验，再将经验运用到实践中去检验，形成一套最适合自己的训练体系。

3.循序渐进，长期系统坚持

心理训练技能遵循着它发生和发展的规律。它需要在长期系统的坚持下开展，才能收到切实的效果。仅仅在赛前进行紧急心理技能培训，是不可能使心理能力有所提高的。就像缺少实践演练的战术很难在比赛中奏效一样，任何一项运动技能在达到炉火纯青的地步之前，都需要进行无数次的反复练习，并且在比赛中反复的运用。同样，任何一项心理调控技术，如情绪控制的能力、注意力集中的能力、自信调整目标定向等，其主要目的都是强化运动选手的心理技能，培养他们的心理能力，这是一个对大脑神经活动逐步影响和优化的过程，寄希望于一次的训练便出现奇迹，是不大可能的。

4.预防为主，控制在前

进行心理技能训练，要以预防为主，防患于未然。不能等到运动选手在训练和比赛中出现了心理问题后再去治疗和调控，应该针对可能出现的问题，事先教会运动选手心理调控的方法和策略，让他们主动把心理状态调整到最佳水平。一方面可以减少心理因素对训练和比赛的干扰，帮助运动选手在训练和比赛过程中保持最好的技术状态；另一方面也有利于运动选手通过学习控制情绪、行为的方法，保持一个良好的心理健康水平，充满自信地面对社会、面对生活，这是心理技能训练最大的目标。

5.专业心理咨询师的参与指导

许多电子竞技俱乐部的教练员还担任了心理咨询师的角色，帮助电子竞技运动选手们解决他们的心理问题。其方式和内容都与正规的心理干预原则有冲突。心理技能训练应该在专业的运动心理学人员或心理咨询师的指导和帮助下进行。教练员角色的多重性不利于电子竞技运动选手的心理技能训练和心理问题的解决。

此外，教练员能否完成各个身份间的转化也是个值得思考的问题。无法顺利完成多重角色的转变，不仅无法解决运动选手们的心理问题，也会对教练员的心理健康产生负面影响。

6.量化训练效果的评价指标

用量化指标评定心理技能训练的效果，可以使电子竞技运动选手得到及时和明确的反馈，这是维持和提高心理技能训练动机的关键。没有这种反馈，很难长期坚持进行心理技能训练。评定指标的量化方式主要有自我成长报告、生理反馈仪表对比和比赛成绩指标等。

心理技能训练现在还是一个初生的事物，虽然已经有了学者们的大量理论研究和实践报告，但还需要无数的电子竞技从业人员在这方面多做创造性的研究和实践，让它在电子竞技运动领域发挥更大的作用。

（四）　心理技能训练的分类

1.一般心理能力训练和专项心理能力训练

根据不同电子竞技项目类别所需要的心理技能训练内容的不同，可以把心理技能训练分为一般心理能力训练和专项心理能力训练。

一般心理能力训练，主要培养电子竞技运动选手们普遍需要的心理技能。这些心理技能可以调节他们的心理特征，帮助他们有效地完成训练内容和竞技比赛的进行。如放松训练、注意训练、表象训练、暗示训练、模拟训练等。

专项心理能力训练，是结合电子竞技专项要求，对电子竞技运动选手进行专门化的训练，通过提高他们的专门化知觉、专门化意识和个性心理的心理过程，来帮助他们更好地适应电子竞技专项运动。例如，单人电子竞技项目中需要的意志力训练，团体项目中需要的沟通技巧、人际交往、适应力训练等。

2.单一心理技能训练和系统心理技能训练

根据心理技能实施程序的复杂程度，可以将心理技能训练分为单一心理技能训练和系统心理技能训练。

单一心理技能训练，如放松训练、生物反馈法等。实施条件要求较低，程序也不复杂。

系统心理技能训练，如系统脱敏以及一些认知性心理训练等。实施条件要求较高，程序也比较复杂。

3.短期心理技能训练和长期心理技能训练

根据心理技能训练周期的长短，可以将心理技能训练分为短期心理技能训练和长期心理技能训练。

短期心理技能训练，是指在训练和比赛时期，针对训练和比赛任务进行的心理技能训练。

长期心理技能训练，是指在整个训练和比赛周期的过程中，都要持续进行的心理技能训练。

（五）心理技能训练计划与实施

1.心理训练计划

一个行之有效的心理训练计划，需要考虑到各个方面的因素。

首先，根据电子竞技训练阶段性的不同要求，设置一个具有连续性和层次性的训练计划。根据训练过程中的实际情况不断进行调整和总结，确保电子竞技运动选手能保持一个良好的竞技状态。

第二，心理技能训练计划必须有明确的目的性。在有预设目标的情况下，心理技能训练工作才能够根据训练目的展开一系列的工作安排，让电子竞技运动选手和教练员们端正态度，调动积极性，努力向目标前进。

第三，心理技能训练计划还需要一定的机动灵活性。在实践中我们发现，心理技能训练的过程会受到许多因素的影响，如生活保障、场地环境、奖惩机制、组织管理及赛制制度，这些都会使得心理技能训练计划赶不上变化。因此需要在制定计划的时候考虑到上述因素的影响，及时调整，保障心理技能训练计划的实施。

2.心理技能计划实施

在各种阶段、各种方法指导下做出的心理技能训练计划，虽然在实施的细节和方向上各有不同，但是通常都遵循三个明显阶段的固定结构：教育、吸纳和实践。

（1）教育阶段

许多电子竞技的运动选手和教练员都不太理解心理技能会如何对竞技运动表现产生促进作用。在不了解心理技能的理论基础和运行机制的情况下，就进行心理技能训练，会使运动选手及教练员对心理技能训练产生不信任感。因此在教育阶段中，要向电子竞技运动选手和教练员们介绍一些心理技能的基本知识，包括心理技能训练的目的、作用和一些常见的注意事项等内容。

在这个阶段中，需要注意的是，由于大部分运动选手的年龄较小，教练员也有可能没有接触过这方面的知识培训，所以要结合他们的年龄、性别、认知情况和专项运动的特点，运用生动的案例和容易被接受的表达方式，使他们认识到心理技能训练的意义和重要性，从内在提升他们参与心理技能训练的积极性和兴趣。教育阶段有时候可能只需要短短一个小时，有时候则可能需要几天，这种区别大部分是由于运动选手和教练员的个体差异导致的。在这一阶段中，重点的目标是让运动选手和教练员明确进行心理技能训练的重要性。

（2）吸纳阶段

吸纳阶段的重点是学习和掌握各种心理技能训练的方法。在进行心理技能训练的时候，要注意对运动选手和教练员出现的一些负面自我评价进行开导和调节，让他们对自己有一个相对客观且积极的自我认知。一个自卑的运动选手很难在面对激烈的比赛时能顺利调节自己的心态。因此，一定要多鼓励他们积极参与心理技能的训练中来。

（3）实践阶段

实践阶段有三个主要目标：一是通过反复的练习让运动选手的心理技能进入自动化；二是使运动选手和教练员可以将心理技能融入运动表现时的假想情境；三是模拟这些心理技能在比赛中的运用。

在这一阶段，为了检验运动选手和教练员的进步情况与练习频率等问题，建议运动选手和教练员们写心理技能训练日记，因为日记有助于系统地绘制进度图，并提供改进领域的反馈。

（六）心理技能训练的现状与思考

在对电子竞技俱乐部的研究中，我们发现，虽然大部分的俱乐部管理者和电子竞技运动选手都意识到了心理技能训练的重要性，但是在实际的训练过程中，还是忽略了对心理技能的训练。

在对一些电子竞技运动选手进行的跟踪研究中发现，90%以上的电子竞技运动选手和教练员都表达出希望有专业的心理老师介入训练过程，在他们觉得心态出现问题的时候，能给他们"治一治"。但是我们知道，人的心态的形成是一个长期的过程，等到心态出现问题的时候，指望能"一针见效"是不切实际的。心理技能训练的目的之一是防患于未然，如果将心理技能训练从一开始就纳入电子竞技训练的过程中，会大大减少心理因素对训练和比赛的负面影响。但是，目前很少有俱乐部设置心理技能训练的日程，据目前的情况来看，原因有以下几点。

1.缺乏专业的知识

在对电子竞技运动选手进行心理技能训练的时候，教练员们往往并不理解应如何传授心理技能的练习知识。我们经常会在赛场上看到，当电子竞技运动选手出现操作失误的时候，教练员会告诉他"你要集中注意力""不要紧张，放松心态"，其中隐含的假设是运动选手知道该如何集中精力、进行放松，但是在没有进行专门训练和辅导的前提下，运动选手是很难做到这一点的。就像一个原本是第一人称射击项目的电子竞技运动选手，转去参加多人在线战术竞技游戏（Multi-player Online Battle Arena，简称MOBA）类项目也会有一定的困难一样。因此，针对这种情况，要专业系统地对运动选手和教练员进行实际训练，运用各种资料，如书籍、音频、视频等，帮助他们更好地学习心理技能的专业知识。

2.对心理技能训练存在一定的误解

在对电子竞技运动冠军进行评价的时候，经常会用"天生的王者""人族皇帝""天才"等词汇来形容他们，仿佛对于一些优秀的电子竞技运动选手而言，出众的心理技能也是天生的。但是我们知道，心理技能和其他竞技能力一样，都是在无数次的训练和磨砺中获得的。其次，有很多人会以为心理技能训练是为那些有心理问题的运动选手所准备的。其实，临床型的运动心理学家只是从事心理技能训练人员的一部分，还有一部分是教育型的运动心理学家，他们对心理技能处于正常水平的运动选手传授心理技能知识，以达到防患于未然的目的。

3.管理上的困境

从实际操作来说，对运动选手和教练员进行专业的心理技能训练，需要俱乐部投入一定的人力、物力、财力和其他一些资源配置。但是在目前的俱乐部中，首先面临的就是财物上投入不足的困难。

其次，由于电子竞技活动的训练特性，在训练安排上，将更多的时间放在了技术、战术等能力训练上，而进行心理技能训练的时间匮乏。

最后，在训练方式上，不同的个体具有差异性，某些心理技能训练无法进行集体训练，这就为实际的操作增添了难度。且由于电子竞技运动选手的年龄阶段跨度比较大，所以对电子竞技心理能力训练的接受程度也不一样，对心理技能训练的理解和配合度也会有所区别。这些都是管理中要解决的问题。

虽然目前对电子竞技运动选手和教练员进行系统的心理技能训练方面还存在着困难，但是随着电子竞技运动的发展和电子竞技产业的发展，这项体育竞技运动的观赏性和对抗的趣味性会受到越来越多人的认可和欢迎。在这样的发展前提下，电子竞技的心理技能训练必将发展出一整套行之有效的方案，并在实践中不断完善理论体系的建设。

二、放松训练

（一）放松训练的原理和作用

1.放松训练的原理

放松训练，又称松弛训练，是在经过训练并掌握一定的方法后，有意识地控制自身的心理生理活动，使神经和肌肉得到充分放松，从而改善机体紊乱的一种方法。

个体的情绪反应包括主观体验、生理反应和表情三部分。当人们处于紧张的状态下时，不仅主观上会出现惊慌失措的反应，同时身体的某些肌肉也会呈现出僵硬、紧张的状态。当紧张的状态恢复后，情绪上会相对快一些地恢复过来，但是肌肉还会在一段时间里处于紧张僵硬的状态。这时候，可以通过按摩、睡眠、洗浴等方式对肌肉进行放松。放松训练的基本假设是，改变生理反应，主观体验也会随之改变。也就是说，可以根据人的意识，有效地控制肌肉的紧张度，从而使主观的体验也随之得到放松。

因此，放松训练就是要通过专业的指导和多次的训练，使人们掌握可以随时放松紧张的肌肉的能力，以便随时都能维持一个较好的竞技状态，从而缓解焦虑、紧张等情绪。

2.放松训练的作用

在电子竞技活动中，放松训练有着非常重要的作用。

（1）降低中枢神经系统的兴奋性。

（2）降低由情绪紧张产生的过多能量消耗，使身心得到适当休息并加速疲劳的恢复。

（3）为进行其他心理技能训练打下基础。

（二）放松训练的步骤和过程

放松训练是一种经过指导和练习后掌握的技能。一般它要经过以下几个步骤：

1.训练人员向电子竞技运动选手及教练员介绍原理

训练人员应在开始指导之前，简明扼要地介绍放松训练的原理和过程，说明该方法的科学性和实用性，激发电子竞技运动选手及教练员训练的积极性。

2.训练人员进行示范和指导

在第一次进行放松训练的教育中，训练人员应当主动示范，并对一些要点进行解释说明，既可以减轻电子竞技运动选手及教练员的心理压力，也能够为电子竞技运动选手及教练员提供模仿的对象。

在训练的过程中，尽量使用专业的指导语，这样在遇到问题的时候可以随时停下，并且在某些放松环节进行重复。

3.鼓励、强化电子竞技运动选手及教练员的练习

电子竞技运动选手及教练员在学习了放松训练之后，还要通过反复的练习才能熟练掌握要领，在运用的过程中达到真正的放松。在授课结束后，可以留下书面的指导语和语音资料，以便电子竞技运动选手及教练员练习。电子竞技运动选手及教练员每天需要抽出5—10分钟，对放松训练进行1—2次的练习。需要强调的是，放松训练在一开始的时候不会立刻起到很好的作用，进入深度放松的状态是需要不断练习的。

三、生物反馈训练

（一）生物反馈

生物反馈（Biofeedback，简称BF），是利用现代电子仪器，将个体的一些在正常情况下意识不到的心理、生理过程，通过仪器的选择和处理，转化成数据、图形或声、光反馈信号表达出来。

（二）生物反馈训练

传统观念认为，人的内脏和腺体是不能随意控制的。但是，印度的瑜伽大师却可以使自己的心跳在短时间内上升至每分钟300下，持续十多分钟也能平安无事。不仅如此，他们还可以将心跳降至每分钟40下。这使人们意识到，通过训练和练习，自己的心跳、血管、肾脏、肠胃等各种腺体内脏器官的活动，都是可以控制的。

有些电子竞技运动选手在走上赛场的时候，紧张得都能听到自己的心跳，怎么也控制不住，甚至血压升高，看不见也听不见。当教练员指导他们放松一点的时候，他们会觉得"人怎么能控制自己的血压呢"，进而放弃对自己的内部控制。当我们的研究人员向他们讲解了美国实验心理学家米勒（Miller）所创立的生物反馈技术，告诉他们可以通过训练来控制自己的心跳、血压，进而调节自己的焦虑情绪时，大部分电子竞技运动选手和教练员都对此表现出了极大的兴趣。

生物反馈训练（Biofeedback Training，简称BFT），又称自主神经学习或内脏学习，是指通过那些可以看到的、感知的生物反馈信号，有意识地通过控制呼吸、冥想等方法，了解并学习控制或维持那些体内不随意的内脏机能的过程。最初的生物反馈仪器如心电图仪器和脑电图仪器，是被用来记录监测人体的生理状态的，后来才被用于生物反馈训练。需要注意的是，生物反馈训练中用到的各种仪器，本身并没有任何的治疗、训练效果，它只是提供一种信息。对身体的内部控制，是需要运动选手和教练员的积极参与的。在使用仪器的过程中，必须让他们充分

理解，不是仪器在支配着他们，而是他们自己在支配着仪器的信号。

（三）生物反馈训练的步骤

1.生物反馈训练的条件

为了有效地进行生物反馈训练，需要满足以下三个条件。

（1）生物反馈训练必须结合相应的生物反馈仪。这样，有机体的生理信号才可以受到监测，进行有效的反馈。

（2）生物反馈训练必须结合其他的放松方法和情绪调节法一起进行。因为生物反馈仪本身是没有任何物理、化学作用的，它作为一个信号反馈仪，只用来直观地表现那些平时无法被感知到的机体活动。对机体的调节和控制，需要在其他的放松训练和情绪调节方法的基础上实现。

（3）生物反馈训练需要一个安静舒适的训练场所，并在有一定经验的指导人员的帮助下进行。人的情绪和机体反应会受到各种因素的影响，所以需要一个合适的环境进行生物反馈训练。其次，对生物反馈仪的操作，也需要专业人员的帮助，如安放电极、解释数据等。

2.生物反馈仪的分类

生物反馈仪针对不同的训练、治疗目的有许多不同的种类，在电子竞技活动中，针对电子竞技运动中运动选手和教练员的一些突出机体反应和情绪，我们将介绍以下三种仪器。

（1）肌电生物反馈仪

肌电生物反馈仪是目前最成功、应用最普遍的一种生物反馈仪器。根据不同的训练、治疗目的，体表放置的引导电极也不相同。在进行全身放松的生物反馈训练时，前额和前臂是最常使用的放置位置。每次训练的时候，电极放置的位置与体位要相对固定，这样可以方便对比每次反馈的结果。在使用的过程中，反馈仪将肌电信号叠加输出，再转化成能直接感知到的反馈信号，如数字、光波、声音等。运动选手和教练员可以根据反馈信号的变化，学习调节自身肌肉的松弛度，来降低肌肉紧张度，减轻甚至消除焦虑、恐惧、紧张等情绪障碍。

（2）皮肤电反馈仪

测量电流通过皮肤的电阻反应（Galvanic Skin Reflex，简称GSR），或者测量皮肤本身的电活动（Skin Potential Reflex，简称SPR），都可以监测到人的情绪活动水平。例如，交感神经处于兴奋状态时，会增强汗腺的分泌，皮肤出汗，继而GSR值会上升。交感神经活动与情绪的活动有密切的关系，情绪处于紧张、焦虑、恐惧的时候，都会产生GSR。皮肤电反馈仪可以将GSR信号转化成视、听信号。运动选手和教练员可以根据信号的变化调整自己的情绪变化，继而降低GSR值。

皮肤电反馈仪可以用来对运动选手和教练员进行恐惧、焦虑、神经衰弱、抑郁等各种精神应激障碍的治疗。

（3）皮肤温度反馈仪

我们回想一下，在自己的生活中，当遇到突发性事件导致紧张的时候，手的温度会降低，感觉到手脚冰凉，而不紧张的时候，手是温暖的；当处在放松的环境中，如果用心感受，会觉得手指端的温度升高。人的指端有丰富的血液循环，它的温度变化可以反映外周血管的舒缩，且便于测量。因此，皮肤温度反馈仪常使用食指或中指的指腹为测量对象，用热变阻式温度计来测量指端的皮肤温度，经由仪器转化为数字、声音等信号，使运动选手和教练员通过反馈信号进行对自己外周血管舒缩的调整训练。

3.生物反馈训练的程序

以肌电生物反馈训练为例。

（1）训练前准备

首先，要准备一个专门的训练场地。场地要求安静、整洁，光线舒适，不能有噪音或其他的外部干扰，要让运动选手和教练员感到舒适、轻松。

其次，对运动选手和教练员进行训练的人员，必须熟练掌握反馈仪器的使用方法。最后，向参加训练的对象介绍生物反馈训练的原理和功能，重点强调主动参与是训练成功的必要条件。

（2）训练程序

①需在餐后30分钟之后开始训练，训练之前不可以饮用茶、咖啡、酒等刺激性饮料。

②让训练对象仰卧或坐在有扶手的靠椅、沙发上，用最舒服的方式坐好或躺好，双手双脚不要有交叉。训练开始之前要解开腰带、领带等束缚物，换上拖鞋。保持一个清醒的状态，呼吸自然、缓慢。

③清洁皮肤，安放电极。电极的安放以训练的需要为准，训练治疗焦虑、紧张，可将电极安放在额部。用双面胶带固定电极，不要太紧或太松，训练者可以观看到自身肌电值的变化。

④测量肌电水平的基线值。通常情况下，人在安静的时候，肌电水平在2—4uv之间。注意，肌电水平的基线值在开始和结束时都要测量，以便观察训练的效果。测量的时候，可以测三次取其平均值。

⑤进行反馈训练。

⑥根据效果安排后续的训练。当训练对象掌握了仰卧情况下的反馈训练后，可以变换姿势，选择站立或坐立，以便训练对象可以进行情景迁移训练。此外，可以在不同的背景下安排训练，以增强训练对象的自控能力。

⑦在第二次训练之前，要和训练对象进行交谈，了解他们的体验，鼓励他们通过非药物治疗来缓解情绪。训练结束后和前一次的训练结果进行比较。

（3）迁移训练

生物反馈训练最终追求的目的，是使运动选手和教练员在离开专业的训练场所、脱离反馈仪的情况下，在日常生活、训练、比赛中，也能积极调整自己的情绪。所以，在进行生物反馈训练的时候，还要积极配合完成家庭训练。记录自我训练日记，包括记录自己的身体变化、情绪变化、睡眠状态和每天训练的次数，以及自己在面对一些生活事件时的放松体验等。

开始的时候，每一次的训练大概会在30分钟，随着每天的练习，会渐渐缩短到几分钟内完成训练。长期之后，运动选手和教练员就可以脱离训练场地，在不同的情境和事件下进行自我情绪调节，降低焦虑和紧张。

（四）生物反馈训练的注意事项

第一，要辨别生物反馈训练的适用范围。并非所有的情绪、身体障碍都适用于生物反馈训练。适用于生物反馈训练的有：各种睡眠障碍，各类紧张、焦虑、恐惧的情绪障碍和一些心因性精神障碍。不适用于那些急性期的精神疾病患者；不适用于那些有自伤、自杀观念，过于兴奋、躁狂、不配合的人；不适用那些在训练过程中产生头晕、恶心、血压升高等不适反应的人群。

第二，并不是每个人都适合生物反馈训练这个训练方法。必须让运动选手和教练员明确，生物反馈仪本身并没有任何的生化、物理作用，只是提供了一个可感知的信号。这个训练需要运动选手和教练员的积极参与，否则这个训练不会有任何作用。

四、表象训练

（一）表象

1.表象的概念

有了记忆，人们可以把经历过的事情、认识的事物储存在大脑里，在需要的时候又可以在大脑中形象地提取出来。有的时候，人们也会对记忆中的形象进行加工，组成新的形象，这些形象可能是人们没有经历过的，或者世界上不存在的，具有创新性的形象。表象就是过去感知过的事情形象地在头脑中再现的过程。

2.表象的种类

通过表象，人们能够想起某个人的样子，想起某首歌的旋律，做广播体操的时候很自然地想起下一个动作等。通过这些不同的感觉通道，可以把表象划分成视觉表象、听觉表象和动作表象。

3.表象的作用

表象是形成认知的一个重要环节，它既有直观性，又有概括性。从直观性的角度来说，它接近于直觉；从概括性的角度来说，它接近于思维。由于表象摆脱了感知具体物体的局限性，从而为概念的形成提供了感性的基础。

表象在解决问题中也起着很大的作用。例如，小学低年级学生在解决数学的运算问题时，在很大程度上有表象的参与：在进行低位数加减运算的时候，脑中会出现手指的形象帮助运算；画家在绘画的时候，也会先在脑中"画"一遍模型的形状，然后不断调整细节，最后使画作跃然纸上。

（二）表象训练

表象训练是在暗示语的指导下，在头脑中反复想象某种运动动作或运动情境，从而提高运动技能和情绪控制能力的过程。表象训练是体育训练中最重要的心理训练，被视为心理训练的核心环节。表象训练的依据是心理神经肌肉理论由于在大脑运动中枢和骨骼肌之间存在着双向神经联系，人们可以主动地去想象做某一运动动作，从而引起有关的运动中枢兴奋，这种兴奋经由传出神经传至有关肌肉，往往会引起难以察觉的运动动作。心理表象——神经——肌肉的活动模式与实际完成运动动作的反应模式很相似，这使得表象练习促进动作技能的改进和完善得以实现。

以大家都学习过的课间操举例，如我们在学习课间操的时候，做完一个动作就会想到下一个动作怎么做，久而久之，我们不用在头脑中想象，也会自然地做出一整套流利的动作。因此，对电子竞技运动选手和教练员进行表象训练，不仅可以帮助他们更熟练地掌握技术操作的能力，还可以降低焦虑，维持一个良好的心态。

（三）影响表象训练效果的因素

在传统体育项目中，已经将对表象训练的研究很好地推广到了训练和比赛中，并且对影响表象训练的因素也做出了一些总结。

1.运动选手的技能水平

在对运动选手和教练员的心理训练做调研的时候，我们发现熟练的运动选手往往要比新手运动选手从心理训练中获得更多的益处。

教练员不要期望心理练习对那些没有技术基础的运动选手起作用，运动选手的技术越熟练，心理练习对他们的技能练习就越有效。

因此，在电子竞技运动中，对于那些新手运动选手，要更注重技术练习和表象对于动作熟练度的掌握，对于能够熟练进行项目的运动选手，则可以更注重心理训练和表象对情绪的调节练习。

2.技能认知成分

心理训练对那些要求思维和策划的运动最为有效，不同的运动技能由于所需的认知和加工总量的不同而不同。电子竞技对于智力和思维的要求，要远远高于传统体育对技术、体能的要求。因此，在电子竞技运动中进行表象训练，无论是从动机、用途，还是从认知上，都有着重要的作用。

3.时间因素

对于心理训练来说，训练量并非越多越好。在研究中学者们发现，当一名运动选手长期坚持锻炼身体时，进行1—3分钟的心理练习要比5—7分钟的练习效果好。研究还发现，在身体训练前进行心理训练要比在身体训练后进行心理训练效果好，这进一步支持了应该在比赛即将开始前进行心理演练的观点。

（四）对表象的测量

研究者已经研制了很多种问卷来测量表象的各个方面，此处列出了部分表象的调查问卷，目录列表中首先根据目的对调查问卷进行划分，然后再根据出版时间进行排序。表象可控性是指个体改变和操纵表象的控制量，通常认为个体控制力越强，表象就越有效。在个体的表象过程中，表象风格存在个体差异。表象运用反映了运动选手使用表象的频率和目的。表象生动性与表象的清晰度、强度及特殊性有关。在包含表象的研究中，通常需要结合可控性和生动性两方面，来考虑运动选手的表象能力。

（五）提高表象能力的训练程序

（1）训练开始前找一个安静的、不会被打扰的地方，选一个舒服的姿势，完全地放松。为了达到完全放松的状态，建议采取深呼吸和渐进放松法。

（2）通过想象一个彩色的圆圈来练习表象。首先圆圈充满你的视野，然后逐步缩小成一点，直到最后完全消失。再把这个圆圈想象为深蓝色……将这个过程重复几次，每次都用不同的颜色想象。身心放松，并享受这种潜意识的表象。

（3）产生一个简单的三维玻璃杯表象。想象将这个杯子加满彩色的液体，再加上小冰块和吸管，在表象的下面写上一个描述性的标题。

（4）选择不同的场景和映像，尽可能想象得丰富而详细。包括与运动相关的表象，如游泳池、篮球场和紧邻海边的美丽的高尔夫球场。在每一场景想象出形象化的人，包括陌生人。

（5）想象自己正处在选定的运动场景中。首先，想象你正在观看他人在进行你特别感兴趣的技能或运动。然后将自己置于这一场景中，仿佛你就是一名操作者。想象自己在这一场景中成功地完成了一系列动作。然后换一个运动场景，再重复这一过程。

（6）通过深呼吸结束这一训练过程，睁开眼睛慢慢地调整自己，以适应周围的环境。

（六）结合运动专项的表象练习

当身体处于紧张的状态时，会影响到表象的清晰性。因此，在进行表象训练的时候，通常会结合放松训练，以提高表象训练的效率。此外，由于表象和感知觉不一样，没有实物作为支撑，因此注意力很难长时间集中，所以，表象训练的时间不宜过长。

五、注意训练

（一）注意训练

集中注意力是坚持将身心集中在一个确切的目标上，无论外界如何喧闹都不会因此而分心的能力。电子竞技运动中，赛场局势瞬息万变，对运动选手的注意力的稳定性和抗干扰能力要求都很高。集中注意力一方面受到遗传因素的影响，另一方面也可以通过后天的教育和训练，在一定程度上提高注意力集中的能力。

注意训练，是指通过科学的方法，提高注意的稳定能力、抗干扰能力或注意力集中能力的过程。

这一内容主要是介绍一些集中注意力的方法，大家在学习的过程中，要将我们之前学过的关于注意的理论知识，运用到注意训练的学习过程中。还可以根据自己学习的知识，设计一套适合电子竞技运动的注意训练。

（二）一般性注意集中训练

在进行一般性注意力集中训练的时候，在训练环境的变化上，应当遵循循序渐进的原则，可以先在一些安静的环境中进行，等运动选手适应之后再依次换到普通的日常环境、有点嘈杂的环境、有点吵闹的环境，最后，模拟赛场上的听觉环境。这样可以提高在各种干扰环境下的注意力集中能力。

其次，要训练运动选手和教练员的自然专注。有些电子竞技运动选手在采访中表示，我非常想集中注意力，但是我越想这么做，思绪却飘得越远。我能听到外面观众的声音、教练员的声音，甚至队友的呼喊声，始终无法专注在我自己的操作上，这让我感到十分的沮丧。

因此，训练注意力集中能力的时候，要在一些程序上进行解释，使运动选手和教练员充分理解这么做的目的，达到自然的专注状态。

1.纸板练习

（1）剪一块方形黑纸板，边长15英寸（0.38米）。再剪一块方形白纸板，边长2英寸（约0.05米）。将白纸板贴在黑纸板的中心，再将纸板挂在墙上，图案中心的高度与眼睛齐平。室内要求光线充足，保证人能清楚地看到图案。

（2）用放松训练的方法使自己处于放松状态。

（3）闭眼2分钟，想象有一块很温暖柔软的黑色屏幕，就像电视屏幕没打开一样。

（4）睁开眼睛，对着图案的中心集中，注意看3分钟，看图案时不要眨眼，也不要太用力。

（5）慢慢将眼睛移开，看着空白的墙壁，这时在墙壁上会出现一个黑色方块的虚像，直到它消失为止，当它开始消失时，要想象它仍在那里。

（6）虚像消失后闭上眼睛，在头脑中想象那个图像，使头脑中的图像尽量稳定。

（7）重复上述整个过程。

这套练习做一周，每天一次，每次约15分钟。

2.五星练习

（1）剪一块黑色方形硬纸板，边长15英寸（0.38米）。再剪一个白色五角星，宽8英寸（约0.2米）。将白色五角星贴在黑色纸板正中间，将纸板挂在墙上。坐在距墙3英尺（约2.44米）远的地方，进入放松状态。

（2）闭上眼睛，在头脑中想象一个黑色屏幕。

（3）睁开眼睛，注视五角星的图案，凝视两分钟。

（4）把眼睛移开，看墙上的五角星虚像。

（5）闭上眼睛，在头脑中重现这个虚像。

也可以在室外借助自己的影子做这种练习，站在或坐在阳光下，使自己身旁产生影子，盯着人影子的脖子看两分钟，然后看天空，注视影子的虚像，闭上眼睛，在头脑中重现图像。

3.记忆练习

这个练习不仅可以训练集中注意力和提高想象力，它还可以帮助培养记忆力，在开始这个训练前，至少练习一周前面介绍的观察图案练习。

（1）找一个僻静的地方，将灯光调暗，仰卧躺好。

（2）做一些放松或集中注意力的训练。

（3）闭上眼睛，想象有一个温暖柔软的黑色屏幕。

（4）想象在屏幕上出现一个白色方块，边长12英寸（约0.3米），距离自己一尺远，努力使这个图像稳定。

（5）然后想象在白色方块上出现一个硬币大小的黑圆圈，集中注意力看这个白色方块中的黑圆圈。

（6）突然整个图像消失，想象这时候突然闪过头脑中的各种图像。这种训练可以帮助回忆过去曾进入大脑的信息，在进行回忆时先闭上眼睛，进行自我暗示"我一定要想起来（名字、事实、地点）"，然后做记忆练习。

（7）把图像保持几秒钟后，图像消失，闭上眼睛思考10—15秒，看看自己是否能回忆起自己遗忘的东西。

4.实物练习

电子竞技运动选手可以利用身边的体育用品，如键盘、鼠标来做这个练习。凝视手中的鼠标，观察鼠标的形状、颜色、按键、滚轮等一些细节。也可以用身边的其他一些东西来做这种训练，如水杯、耳机、苹果等。

5.秒表练习

注视手表的秒针转动，先看1分钟，假如1分钟内注意没有离开过秒针，再延长观察时间到2—3分钟，等到确定了注意力不离开秒针的最长时间后，再按此时间重复3—4次，每次间隔时间10—15秒。如果能持续15分钟不转移注意力，这就是较好的成绩。每天进行几次这样的练习，经过一段时间，注意集中的能力便会提高。

（三）结合专项活动的注意集中训练

1.轻微口令法

在训练电子竞技运动选手的时候，教练员可以用很微弱、勉强能让运动选手听到的声音发出指令。这样运动选手为了听清指令，就不得不集中注意力。但是，这种方法使用的时候，持续时间不可以太长，一般训练时间限制在3分钟之内。

2.反向口令法

在进行训练的时候，教练员可以要求运动选手按照口令的相反意思来完成指令。例如，在教练员说推进的时候，运动选手做出撤退的动作。当教练员说躲避的时候，运动选手要迅速出击。教练员说分散的时候，运动选手要迅速集结。使用这种训练方法的时候，有以下几个注意事项。

（1）进行反向口令训练的运动选手，必须是可以熟练掌握电子竞技项目操作的选手。

（2）教练员发出指令的时候，声音清晰、洪亮、有节奏。

（3）以渐进过渡的方式增加口令的数量，一开始先练习1—2个反向口令，熟练之后再增加到3—4个。

（4）如果在训练过程中发现运动选手做错，不要暂停，应给予表情提示后继续训练，完成整个训练过程后再做总结。

3.目标导向法

为了维持稳定的有意注意，需要设置一个明确的目标。因此，可以通过说明练习的意义，以及对运动选手设置一些明确的目标，来帮助运动选手集中注意力。

4.启发教育法

通过启发教育的方式，可以提高运动选手对教学内容的兴趣和注意。例如，在教授某一类战术方法的时候，不需要一开始就告诉运动选手们采取这些措施的原因。而是通过不同的战术对同一个赛局的影响，让运动选手自己在这个过程中观察、学习、总结，帮助他们从内心认识到某种战术方法对某种战局状况是相对较好的选择。此外，在进行一些技能示范的时候，要同时演示一些正确、错误的技能动作，这能更有效地帮助运动选手总结出掌握技能的要领。

5.信息引导法

在电子竞技运动中，我们发现，有时候运动选手无法集中注意，是因为不知道应该注意什么线索，或者无法判断哪些线索值得注意。教练员和运动心理学家可以在竞技过程中，利用电子竞技运动中自然产生的视觉、听觉和动觉信息，来引导运动选手的注意。有的时候，电子游戏内会有提示音，提示哪些地方正在遭受攻击，运动选手根据这些线索判断战局，进而调整自己的活动。

此外，根据不同的电子竞技项目和不同的训练目标，教练员和运动心理学家还可以开发出更多的集中注意力训练，来提高运动选手的注意集中水平。

电子竞技心理技能训练远远不止本章节提到的这些内容，它还包括暗示训练、模拟训练等许多训练内容。这些训练内容都需要在实践中不断检验其实用性，并结合实践中遇到的问题，不断对电子竞技心理技能训练进行完善和调整。目前，传统体育的心理训练已经成为核心训练环节，但是在电子竞技运动中，心理训练虽然受到了很大的重视，但是由于各种原因，一直没有长期的追踪研究。对电子竞技技能心理训练来说，引入专业人员，建立一个长期的训练体系和容易推广的训练方式，是目前亟待解决的问题。[①]

---

① 恒一，林旭.电子竞技游戏解析［M］.北京：机械工业出版社，2020：87—88.

第七章 产教融合背景下电子专业人才培养

第一节 电子竞技运动与管理专业人才概述

一、我国电子竞技相关人才社会需求分析

随着中国电子竞技市场的不断被开拓，我国已经成为世界上最具影响力和最有潜力的电子竞技市场，并且为社会提供了更多职业机会与发展。为了深入了解当前电子竞技行业人力资源的情况、细化电子竞技从业人员的缺乏类型。本研究通过大数据对招聘数据进行相关分析。

（一）我国电子竞技行业人才岗位分析

为了把握电子竞技行业需求现状，首先需要对电子竞技行业的具体岗位的具体方面进行需求分析，把握岗位需求的重点。对招聘的岗位进行统计，并形成词频云。

根据词频云显示，目前国内的岗位主要集中在"新媒体运营""游戏主播""电竞解说""客户经理""工程师"等相关岗位。并且大致分为以下三类。

第一类，运营维护类。主要包括运营商、赛事策划与执行、电子商务等人员。比如俱乐部的媒体职位，主要职责是在社交媒体上发布游戏团队的最新发展。其主要功能是培养和发展社交媒体粉丝，树立协会的行业形象。

第二类，专业内容制作类。涉及游戏艺术设计、游戏动画设计和游戏程序开发等专业游戏开发技能。例如，视频制作应负责计划、脚本、拍摄、后期制作和电子竞技视频制作。通过服务主要品牌推广和广告，满足后期视频制作和其他部门的需求。通过沟通和调整生产过程中的相关连接，完成整个生产过程并确保质量。

第三类，体育赛事支持类。比如专业体育主播、淘宝主播等。主播的主要职责是：第一，通过日常维护平台和活动，在游戏领域推出高质量的作者和名人，并据此设计热点和相关节日活动。第二，帮助计划线下活动，提高电子竞技的知名度。

通过对岗位名称的分析发现，当前电子竞技行业对于服务类人才和专业技术人才的需求。并且岗位都偏向于中高层的主管、经理等，另一方面，对诸如插画师、工程师等技术型人才更是需求较多。这一定程度上表明，国内相关行业发展仍然处于萌芽时期，行业的管理人才偏少。

（二）我国电子竞技行业工作地点分析

中国电子竞技行业的工作地点主要集中在大城市和特定地区。以下是对中国电子竞技行业工作地点的分析：

（1）北京：作为中国的首都和文化中心，北京是中国电子竞技行业的重要工作地点之一。许多知名的电子竞技公司和俱乐部总部设在北京，包括RNG、EDG、FPX等。此外，北京还举办了许多重要的电子竞技赛事，如英雄联盟全球总决赛和DOTA2国际邀请赛，吸引了大量的电子竞技从业者。

（2）上海：作为中国的经济中心和国际大都市，上海也是中国电子竞技行业的重要工作地点之一。许多知名的电子竞技公司和俱乐部总部设在上海，包括IG、LGD、VG等。上海还举办了许多重要的电子竞技赛事，如英雄联盟季中冠军赛和CS：GO亚洲锦标赛，吸引了大量的电子竞技从业者。

（3）广州：作为中国南方的经济中心和文化城市，广州也是中国电子竞技行业的重要工作地点之一。许多知名的电子竞技公司和俱乐部总部设在广州，包括WE、EDG、LNG等。广州还举办了许多重要的电子竞技赛事，如王者荣耀全球总决赛和绝地求生全球邀请赛，吸引了大量的电子竞技从业者。

（4）成都：作为中国西部的经济中心和文化城市，成都在近年来逐渐崛起为中国电子竞技行业的重要工作地点之一。许多知名的电子竞技公司和俱乐部总部设在成都，包括LGD、Chaos Esports Club等。成都还举办了许多重要的电子竞技赛事，如DOTA2中国超级联赛和绝地求生全球邀请赛，吸引了大量的电子竞技从业者。

除了以上几个城市，还有一些其他城市也在逐渐崛起为中国电子竞技行业的重要工作地点，如深圳、杭州、武汉等。这些城市拥有良好的基础设施和发展环境，吸引了越来越多的电子竞技公司和从业者。总体来说，中国电子竞技行业的工作地点主要集中在大城市和特定地区，这些地方提供了丰富的职业发展机会和良好的工作环境。

（三）我国电子竞技行业工作经验分析

工作经验是工作中极为重要的支撑，工作经验丰富的人才能够更快速更有效地为企业进行相关工作。电子竞技行业的从业人员主要分为两种，一种是从事电子竞技运动之后的人员，比如退役运动员、行业教练等，较为丰富的工作经验能够使得他们了解工作流程和方法，能及时沟通、解决问题和危机。但是也有相当一部分人员是从其他相关领域转业过来，对电子竞技并不熟悉，但是其他行业的专业服务知识相对充足，因此其工作经验的丰富程度成为电子竞技行业发展的重要评价指标。

（四）我国电子竞技岗位技能要求分析

通过对招聘数据内容的进行分析，发现目前我国电子竞技行业对于人才能力的要求各有不同，涉及不同的岗位内容和岗位要求。

首先，在对三类岗位的总体的能力整体要求的分析之中，无论是管理运营岗位，还是专业内容制作以及赛事支持，发现，用人单位对电子竞技岗位的要求最多的是职业技能的要求，主要涉及专业知识的要求，比如管理运维中的公关、外语展示均是运维过程必要的基本能力，并且在专业内容之中表现最为明显，甚至直接明显的涉及诸如PS、AE等相关软件的运营。其次，除去专业能力的要求之后，出现较多的是沟通能力的要求，比如咨询、谈判、沟通等词语较多的出现，表明除了专业能力之外，业界需要对于沟通的及时与流畅较为关注。这可能与电子竞技运动的赛事时间紧凑，需要度行业的及时判断、沟通有着较为明显的要求。

目前电子竞技岗位涉及较多，既有电子竞技本身的专业技能，有需要服务知识、沟通能力、学习能力等，可以说电子竞技的行业已经不单纯是电子竞技的本身要求，也涉及摄影、后期、赛事、公关、营销多种专业的人才等三大类，行业的需求缺口较大。电子竞技的行业地点主要呈现东多西少、南多北少、一线城市多等特点。电子竞技目前薪资水平较高，但是行业的整体学历水平不高，工作经验要求高、实践操作性要求强。受电子竞技行业产业链较长的原因，岗位的复杂多样、不光需要从事电子竞技的人才，也需要涉及运营、传媒、赛事、营销等各方面的人才。

目前，电子竞技行业对职业技术人员的需求量很大，还没有达到饱和状态。从当前的求职市场来看，对电竞有一定了解、有技术的应聘者更受雇主的青睐，电竞圈的人既要"懂电竞"，也要"有技能"，既要懂电竞，还要精通一种特殊的技术。通过分析，可以看出，产业对此类人才的迫切需要，对此类人才的培养也越来越迫切。

二、电子竞技运动与管理专业人才培养分析

20世纪90年代，我国电子竞技行业起步。通过调查发现，从业人员科班出身较少。受电子竞技行业的发展，电子竞技运动与管理专业的设立日渐提上日程。我国电竞产业迅速发展催生对电竞专门人才需求。

（一）电子竞技运动与管理专业培养目标分析

培养目标，是指对专业人才培养的核心界定。培养目标的确立，则会有效地促进该专业的相关人才培养方式以及培养内容的优化与措施。但是由于电子竞技运动与管理专业发展距今也不到五年，时间较为短促。虽然教育部并没有专门的相关人才培养计划，各个院校结合自身实际，确立了自己的培养目标。但是从描述之中不难发现，专科院校的电子竞技运动与管理专业的人才培养目标篇技能类，力争培育复合型人才。值得注意的是，培育人员种类过多。以电子竞技员和运营师为例，电子竞技员是可以直接进入相关活动的人员，主要是比赛运动员和教练，这类人员是电竞的主要人员。电子竞技运营师指赛事的服务人员，负责赛前的策划、赛中的组织、赛后的运营与维护、岗位比较注重理论知识和管理能力。这不难看出，其人才需求是不一样的。这也意味着不同的人才需要不同的培养方案和培养方法。

（三）电子竞技运动与管理专业课程设置分析

为培养产业所需的电子竞技人才，专业的课程设置也是其专业建设的核心和重点。通过对相关院校课程设置的整理与分析。发现目前电子竞技运动与管理专业基本围绕"公共基础课""公共选修课""电子竞技专业基础知识课程""电子竞技专业技能课程""电子竞技职业能力培养""实习"等六个维度开展相关课程。这六大维度除了高校通常设置的公共基础课和公共选修课之外，其他的都能围绕电子竞技运动的相关工作要求、岗位能力开展。

在整体的课程设置框架下，大部分专业都能较为一致。但是在课程具体设置方面，由于学校所处的环境、教学师资、办学环境的不同，各大高校的课程设置也有所不同。

首先，比如电子竞技的赛事运营、电子竞技裁判、电子竞技俱乐部管理、电子竞技运动等涉及赛事运营、俱乐部管理、解说主播等课程较大程度地出现在各个高校的课程之中。与此同时，各个高校也依据自己的办学特色，开展了不同的课程内容。比如上海体育学院的电子竞技运动与管理专业则偏向于播音主持的课程，其中对播音主持的相关专业的课程设置较多。四川电影电视学院与其本身院校相结合，强调媒体运营和主持的专业天然色，则侧重于电子竞技过程的新媒体

运营和解说。南昌工学院则是考虑到其专业所在的体育学院特色，将电子竞技运动与管理专业放到体育学本身，强调学生对体育的了解的基础之上，对电子竞技的管理、服务进一步提升。

另外，在课程设置方面，课程模糊不清晰、课程雷同等为题也逐渐突显。比如，"运动训练理论与方法"和"战术理论与方法"两门课程。由于基本属于电子竞技运动的基本训练和发展，内容具有较多的重复性。并且在实际教授过程之中，很难加以区分。而"电子竞技运动赛事运作管理""电子竞技运动的赛事运作与风险管控"两门课程都属于赛事运营之中的过程管理，赛事运作中涉及风险管理，赛事风险存在于赛事运作之中，两者之间的相似程度较高，如何加以区分是较为棘手的事情。

从调查结果来看，学生对学习内容的多样性、学习内容的质量、专业知识的选择等方面都有很大的差异，因而，大学在开设专业的时候，不仅要从学科的角度出发，还要从学生的实际出发，关注他们的发展需求和兴趣取向。从整体上来看，我国高等院校的课程类型较多，但其课程的侧重点不明确、课程结构不合理。

（四）电子竞技运动与管理专业师资分析

"师者，传道授业解惑也"，老师作为专业发展中最为关键的一项因素，凭借其个人的魅力和专业知识，对学生的影响无出其右。通过分析发现，目前电子竞技运动管理的专业教师主要分为两种类型。基本采取高校与电子竞技教育公司合力构建的教育管理模式。与"电子竞技"相关的课程由公司人员教授。对于传统体育课程内容则由校内教师教授。可以说，一定程度上，解决了电子竞技运动与管理专业对于复合型人才的培养目标的困境。

但是在，通过调查电竞教育机构的教师的招聘要求之中，我们发现电子竞技的相关教师要求不一、良莠不一，对学历、职业背景等相关要求不明晰。为了对相关教师的基本情况进行了解，本研究对学校老师进行了调查与分析。首先从年龄分布来看，当前电子竞技运动与管理专业老师整体年龄偏年轻化。20—30岁的老师占到总体的将近50%。与其他专业相比，老中青的传帮带效果不太明显。在性别方面，与其他专业女性教师为主的现状完全不同，男性有31位，占到约70.45%，这与电子竞技的主要受众用户有关。从学历层面来看，目前电子竞技运动与管理的专业教师的学历偏低。在专业课教师的学历集中在专科甚至高中，占到一半以上的比例。这与其专业背景有关，从相关教师的从业要求之中也可发现，目前电子竞技运动与管理的老师主要从相关的电竞运动员出身，并非从专业院校出身，这就导致了目前专业教师相关理论水平不高。而在专业院校的相关专业背景之中发现，电子竞技运动的自身专业尚未有相关人员从事，基本是从其他专业从事与专业本身相关的教学任务。

涉及教育学、经济学、艺术学、管理学等相关专业。其中艺术学、文学、管理学等较多，这与其专业建设之中的涉及的管理运营、电竞解说相关。另外在相关的职称分析中，目前电子竞技运动与管理专业的老师的相关从事时间较短，对于职称的发展尚且较低，主要集中在助教和讲师。作为老师，其中最重要的就是授课方式和方法的应用。适宜的课程教学方法有助于研究生的创新思维与创新能力的培养。教师应根据教学内容采取不同的教学方法。

首先，对其常用的教学组织形式进行了分析探讨。传统的班级授课方式仍然占到主流模式，每位教师都提及了传统的教学模式，对于应用性学科的发展所需要的现场教学、协作教学等对于操作性要求高的课程组织模式相对较少。而针对学生的个性化需求的个别教学、导师制更是较少。这反映出个性化课堂不足，教学组织形式在挑选与搭配等维度还有待完善。对老师的主要教学方法开展相关调研与分析时发现，讲授法、提问法等传统式的填鸭式教学方法仍是主要的教学方式，讲授方法占到17%，提问法占到16%。讨论法占到19%。与此同时，由于教室网络等相关信息资源的开放，目前不少专业老师开始尝试利用多媒体，电脑、影视等多种技术手段开展相关的直观演示和教学联系，这部分也占到将近40%。但是在这一讲授过程，仍然是老师主导，学生配合。电子竞技的应用性色彩使得其对于实践上手能力的要求极高，但是目前的教学方法不能满足当前社会的需求。

教学的质量不仅涉及老师的授课方式和具体方法，更需要学生的教学质量的反馈。因此，教学的考核方式成为其教学质量的最好反馈。当前电子竞技运动与管理专业的考核方式主要有：随堂测试、期末课程作业、课程设计、期末卷面成绩考核等。

目前，对学生学习成果的评价仍以期末卷面考试为主。卷面成绩占比达到70%，学生平时参与仅为30%。这反映出当前的教育考核方式不当。电竞作为应用专业。不能单纯以卷面分数为主。二是要对其的作品、服务、日常学习情况打分。过程考核所占的比例较低亦不利于激发学生主动参与教学过程。

总之，目前电子竞技运动管理专业发展的过程之中，老师问题较为突出。一方面，懂电子竞技的不动教学，懂教学的不懂电子竞技的现象已经成为当前老师招聘之中最大的问题，也难以解决。公办老师不能满足日常教学、培训机构的老师鱼龙混杂，难以保证教学质量已成常态。教学组织的形式单一，课程教学方式传统老套，考核结果无法真实反映社会需求。

而在对学生的问卷调查中也指出，当前电子竞技运动与管理专业教师的相关问题。无论是教师的数量、还是授课质量以及对教师的专业能力的评价这三个维度，都发现学生对其满意程度不高。学生坦言，老师授课质量偏理论，上课的实操性较差，与市场所需的要求差距较大，加强对专业技能的训练，包括电子竞技赛事的组织、管理等。也有学生指出教师能力存在不足，专业课教师不但要把握教学内容质量的提高，更要提高其自身的知识内涵。

（六）电子竞技运动与管理专业实践分析

作为培养应用型人才的重要途径之一，电子竞技专业的最大特点是对可操作性和实践性的要求能力高。因此，学生除了学习课程，掌握基本理论知识的同时，需要大量的电子竞技操作实践过程。相关专业需要以各类实践实训项目巩固理论，与行业前沿紧密结合，在实践实训中达到教学目的。建立校外实习、实训基地、电竞馆都是实践教学的重要组成部分。

当前的部分课程之中，不少课程需要专业的场所、专业的电子配套设施、比如电竞电脑、投影仪、专业化的解说设备、直播设备、分析软件。因此对于电脑的配套要求、高速网络的配套、投影仪的设备需求等需求较大。尤其是游戏类、数据分析类、比赛录制和组织类课程，更是要在特殊的环境下，由专门的老师指导。只有在课堂教学和实践中，他们才能真正的掌握自己地专业知识，并在未来的工作中取得优异的成绩。

目前老师对于相关配套的设施之中的问题也反映出了当前相关专业对于电子竞技运动与管理专业的器材的投入不足，不少老师对于高速网络和投影仪的需求，反映出不少高校在建立相关专业时的尴尬境地，只是开设专业，但是专业知识和资金的有限，使得相关配套设施。不少专业教师坦言，在传授知识中，是需要大型设备的，但是相关领导不予以重视，认为和其他专业一样，只需要老师讲授即可，这就导致了专业配套的不足。

电子竞技运动对实训环境的要求苛刻，基本要求有独立的培训基地，与其他专业的计算机教室分开，配备高配置的电脑和专门的电子竞技座椅。只有如此，才能为体育与管理类专业的学员创造一个真正的实战训练环境。但是在对学生的调查之中，也有存在相似问题。通过调查发现，大部分学生对于专业课实训环境较为满意，但是仍有较大一部分学生对于电子竞技的实训环境不太满意。主要认为当前训练设备不足、数量不足以支撑其发展。另外，不少学生指出当前校内的实训活动较少，且学校的经费不足以支撑学生开展一场大型赛事。

（七）电子竞技运动与管理专业就业情况分析

专业的发展的最终目的是促进学生的就业能力，为社会提供优秀的人才。因此可以说，一个专业的就业前景好与坏是衡量专业建设的重要目标。

学生普遍认为电子竞技行业人才需求量较大，对电子竞技就业前景抱有良好的心态，但是对自己的专业能力有所怀疑，表示自己的专业能力不足支撑行业的发展和企业的要求，需要对专业进一步深入学习。

在对前景进行分析之后，研究发现大部分同学从事电竞相关行业。并且涉及电竞俱乐部、电子竞技赛事、电竞解说、电竞主播等各行各业。但是主要涉及电竞解说、电竞主播、电竞管理类的岗位较多。但是对于游戏开发等涉及游戏软件核心的内容从事较少。另外，很多学生在上课会认为老师是无敌的，会各种技能。令人遗憾的是，老师也多是普通人。因此，在面临这些问题，学校应该与学生进行交流。转变学生理念。树立正确的专业观。通过讲座、前人模范等让学生对其有正确的认知和人生职业规划。

第二节　产教融合背景下电子竞技人才培养方向

解决电子竞技行业人才极其紧缺的问题是设立电子竞技专业的初衷，这与其他许多专业的产生是一致的，综观所有专业（方向）的发展，从新专业诞生到过时专业消逝，一般都会伴随相关行业市场的兴衰和全社会发展的需求导向。

一、电子竞技运动与管理人才培养

电子游戏受众的大幅度增长为各游戏项目提供了选拔高水平竞技选手的蓄水池，电竞赛事的成熟又为高水平的竞技选手提供了展示技艺的舞台。电竞比赛项目的对抗日趋激烈，涉及环节也不断增多，电子竞技的运动训练开始被越来越多的参赛组织、教练和选手重视。这里值得一提的是，由于比赛常用项目的扩张，电子竞技的舞台已不再局限于即时进行类电子游戏，回合制策略游戏也开始占有一席之地，这意味着参赛选手的年龄限制被打破了，那么，电子竞技运动训练的人群范围同样也扩大了。

电子竞技运动与管理是目前国内唯一的电子竞技专业，部分专科与本科层次院校均有开设，以体育类院校居多，如湖南体育职业学院（高职）、海南体育职业学院（高职）、山东体育学院（本科）等。此专业主要以运动训练学和管理运营学为核心展开教学。因此，在培养计划上采用结合"电竞理论""硬件技能"和"产业实践"的三位一体教学模式，着力打造符合新时代和市场需求的特色课程体系。教学产出的主要目的是为电子竞技领域提供既充分掌握竞技运动原理又懂管理运营策略的复合型人才，可以承担电竞产业中的教育培训、运动训练、赛事组织、赛事运营和俱乐部管理等工作。

学习课程主要是分三大模块：大学生基础通识课，如大学生英语、马克思主义基本原理等；专业实践课，如课程实践与应用、电竞赛事执行等；专业理论课，如电子竞技概论、电竞运动训练、电竞博弈心理、赛事策划、赛事运营、管理学和技能软件等。作为体育类专业，接下来主要探讨运动训练的课程。

（一）电子竞技运动训练的教学内容

电子游戏从休闲娱乐的用途中逐渐演变出一个以比拼技艺竞争胜负的新领域。在此过程中，游戏的限定规则不再局限于游戏本身，开始朝着组织竞赛客观公平的需求发展，一些反复的游戏体验也开始转向以提高与他人对抗竞技的水平为目的进行的比赛。随着电竞赛事的普及和电竞受众群体的扩张，电子竞技运动的概念开始被人们接受。

电子竞技运动是一项新兴的事物，任何新生事物的出现都会有人或是群体去给它加以定义。电子竞技运动发展至今，现在的人们对其普遍认可的定义为：电子竞技运动是以现代电子技术和电子设备为运动器械，在信息技术营造的虚拟环境中，采用统一的公平竞赛规则及在有限的时间内进行的人与人之间的对抗。

作为体育竞技项目，必然会产生胜负，胜负结果取决于游戏参与者竞技水平的高低。如何提升竞技水平从而获得胜利就成为游戏参与者需要考虑的首要问题，在此，相应的运动训练就应运而生了。

运动训练的最主要目的在于通过遵循合理的训练原则、安排有针对的训练内容、制定有效的训练方法来全方位提升训练参与者的竞技水平，并取得较好的赛事成绩。适合的运动训练可以有效提高训练参与者的思维能力、反应能力、协调能力、团队精神和毅力，以及对现代信息社会的适应能力，从而促进受训对象的全面发展。

1.电子竞技运动训练的必要性

人类追求更强是本能，竞技运动与生俱来伴随着未知和不断的挑战，人们进行竞技运动的过程是对自我追求的一种实现，也是人类对各方面极限可能的一种不断摸索，在电子竞技领域也是如此。

电子竞技的形式发展至今，从一些简单的数字图形移动逐步演变成了今天种类繁多且内容复杂的游戏。电子竞技游戏在充分挖掘人的思维反应能力、操作反应能力和对画面图形转变为大脑数据的反应能力的同时，也刺激了游戏参与者的身心反馈协调统一能力和参与者之间团队配合能力的发展。

游戏一般会加快的更新速率，电子竞技运动相对于传统的竞技运动而言，在载体上具有较强的时效性。传统的竞技运动，例如自由搏击、球类运动、水上运动、田径运动等，其竞技项目本身的可变性微乎其微。而电子竞技运动的载体电子竞技游戏则具有很强的时效性，这种时效性会对游戏参与者产生较大的影响，不同版本的同一款游戏可能在玩法上和技巧上存在极大差异，跟上更新速率的相应训练就非常有必要了。

观赏性是影响运动训练的一个侧面因素，主流电子竞技游戏从诞生到普及再到风靡世界的过程是一个不断吸纳玩家的过程，如何吸引大量的玩家进入，观赏性起到了举足轻重的作用。为了让观赏性达到水准，游戏参与者们必要的战术编排和配合训练必不可少。

2.电子竞技运动训练的社会价值

电子竞技运动训练分为职业训练、半职业训练和业余训练，其产生的社会价值首先表现在人类在该领域的自我极限突破上。电子竞技运动的产生，将人类从现实社会的极限突破延伸至虚拟世界。每一次极限操作、每一次战术布阵、每一场经典比赛，都需要有顽强拼搏、奋力进取的竞技精神做支持。这种精神也是人类社会向前发展的动力源泉。

其次，电子竞技中充满了团结一心的合作精神。团队选手之间、教练队员之间，每一次高水平的对抗、每一场高难度的胜利，无不诠释着协同并进、齐心共赢的合作精神。

再次，展现国家、地区和社会团体的综合实力。电子竞技项目是国家认可的体育项目，也是各大综合性赛事认可的正式比赛项目，继亚洲奥林匹克理事会宣布电子竞技为2022年杭州亚运会正式比赛项目后，国际奥委会也相继宣告承认电子竞技运动属于一项体育运动。作为国际间相互竞技的体育项目，比赛的胜负不仅涉及选手个人，更承载了团体、地区甚至国家荣誉。

最后，电子竞技运动训练的普及和发展会影响消费结构，电子竞技的辐射人群已超过足球、篮球等传统体育项目。举办各类大型电竞赛事不仅可以获取直接经济效益，更可促进相关产业快速发展。

3.电子竞技运动训练的发展

早期的电子竞技运动项目训练形式比较单一，注重个人反复实践操作，选手往往身兼教练、分析师、心理师多重角色，训练相关的内容和方法都不完善。

世界电子竞技大赛出现后，电子竞技运动在全球范围内蓬勃发展，同时也大大提升了进行电子竞技运动训练的必要性。加速电子竞技运动训练发展的因素主要有如下几点：

一是电子竞技赛事在世界范围内广泛开展。世界电子竞技大赛（WCG）拉开了世界级电子竞技赛事的帷幕，但受限于游戏种类较少（主要以RTS类和FPS类为主）和游戏难度较高（对个人的操作技术和战术意识要求过高），导致游戏受众群体和游戏赛事有限。随着多类型竞技游戏（如MOBA类）的出现和竞技游戏个人上手难度大幅降低（更侧重于团队之间配合），得益于各大竞技游戏的受众增长迅猛和转、直播技术的突破，各大电竞赛事如同雨后春笋般涌现。

二是主流电竞项目主办方赛事影响力和奖金暴涨。近年来最具影响力的电竞赛事莫过于《英雄联盟》的S级赛事和DOTA2的TI赛事。全球的同步转播、亿次的观看量、动辄千万美元的大赛奖金、不可估量的粉丝经济等，无不让人们对电竞职业充满向往和梦想。

三是从事电竞职业的选手人数大幅增长。主流媒体的利好报道、丰厚的职业成绩回馈加上社会认同度的提升，近年电竞领域职业选手的数量呈急剧上升趋势。竞技选手迅速增长，对竞技水平和科学化训练的要求自然也大大提高了。

（二）电子竞技运动训练的原则与方法

1.电子竞技运动训练人才需掌握的原则

电子竞技运动训练所遵循的原则与传统体育训练有诸多的相同点，这些训练原则对于电子竞技比赛训练活动的方式方法和强度周期给予了合理的指导和规范，同时能够培养训练对象在训练活动中的逻辑思维和反馈习惯，从而取得理想的训练成果。

这些原则都是围绕着人和具体竞技项目而展开运作的，经过漫长时间的探索与发现，人们通过对各类型的竞技运动训练、反思、总结，逐步发掘了运动训练一系列内、外部规律。这些规律主要包括：人的运动竞技能力是比赛取得成绩的核心关键；人的运动竞技能力是不固定的；人的运动竞技能力的变化主要取决于遗传、环境和训练，合理有效的运动训练能使人的竞技能力产生显著改变。

依据这些客观规律，遵循相应的运动训练原则对选手们的训练进行指导，能使选手的竞技水平有效提升并得到训练的反馈，从而增强竞技能力，提高比赛成绩。

在电子竞技运动发展的过程中，人们对电子竞技运动的认知在不断发生变化，运动训练的原则也在发生一些变化。在目前阶段，电子竞技运动训练主要遵循的原则包括赛事竞技需要原则、训练动机激励原则、负荷强度适合原则、周期计划制订原则、一般训练与专项训练结合原则和版本更新适应原则。

（1）赛事竞技需要原则。电子竞技运动进行训练的主要目的（或称为训练目标）就在于取得该项目更好地赛事成绩，由此，赛事竞技需要原则，可以看作是为提高参赛选手竞技能力及运动成绩的需要，以实际比赛对抗强度为基础，合理地安排赛事前训练周期分布及训练的具体内容、团队磨合、训练频率、训练方法和战术编排等因素的训练原则。

电子竞技运动发展至今天，因赛事价值的飞速增长，其中的竞争已非常激烈。这就使得赛事的参与者们把提高比赛竞技能力以取得更好的比赛成绩放在运动训练原则的首位，其他的训练原则都会围绕赛事竞技需要来运行。所以，训练内容、频率、方法、战术等均为训练目标服务，都围绕着赛事竞技的需要而进行，训练目标也可以看作是训练参与者的行为导向标和行为终点。

电子竞技运动项目种类多样，不同类型的项目其竞技特点会存在较大的差异，如此，对参赛选手具备的竞技能力结构就会有不同要求。因为选手们的竞技能力是由多个维度构成，一般包括身体体能、身心反应、操作技巧、战术运用、版本适应和团队默契等，因此，在不同的电子竞技项目中，选手们的竞技能力结构中的作用就会产生不一样的能效。

为赛事进行训练前，训练组织者（一般为教练）需要对所训练对象的竞技能力结构进行全面深入的认识，由此才能准确地制订与赛事需要相符合的训练方案，确保运动训练活动的高效率，从而达到最终的训练目标。

（2）训练动机激励原则。从人类的身心状态来看，不管从事任何领域的活动，动机都会对最终结果产生重大影响。训练动机是训练参与者能够长期坚持、积极勤奋进行运动训练的重要驱动力。该动机受到内部因素和外部因素的共同影响，只有内部外部动机一起积极运作，协同发挥功效，才能让训练参与者保持良好且长久的训练状态。

在电子竞技运动萌芽期，人们对电子竞技运动的看法还过于片面，有部分群体会认为电子竞技仅仅是娱乐放松式的打游戏。然而，实际情况是，电子游戏上升到竞技层面，也是一种人与人之间进行技艺对抗的载体。一款电子竞技游戏，尤其是热门项目，会有数以千万甚至过亿的游戏参与者，想要在如此大的人群受众中脱颖而出，就必须通过严格艰苦的训练。

在类别上来看，训练内容可以分为一般训练和专项训练，不管是哪一项都是枯燥无味、反复冗长的，例如某一套卡组重复进行上千次的应变对抗、某一个英雄的多技能组合等。因此，对训练参与者进行积极导向的激励十分必要。

在电子竞技运动的舞台上，赛场上的选手们一战成名，一战永逸的情况不在少数，取得好的赛事成绩往往会带来丰厚的物质回报和精神回馈。训练管理者和教练们就需要用这些条件去激励训练参与者，同时激发他们的内部动机，让其产生内外激励的循环能动力。这样可以使得训练参与者进入一种最佳训练状态，在他们在承受枯燥反复的训练中获得最优的训练效果。

（3）负荷强度适当原则。在电子竞技运动中，比赛选手的黄金年龄一般为16—26周岁，这是因为许多电子竞技项目都需要进行高强度训练，对选手身心反应能力要求极高。例如早期的RTS类竞技项目《星际争霸》，职业选手们的每分钟操作次数数值一般会在300左右，多线操作也必须熟练掌握，同时在瞬息万变的局势中要做出兵种、科技和战术的变化。这对一般玩家来说都是极其困难的，那么，在高水平竞技需要的压力下，超强度负荷的训练就会成为日常。

经过运动训练理论学科的长期研究，人们发现长期的超强度负荷训练容易对训练参与者造成身心伤害，造成人体机能下降过快，竞技水平难以长期良好保持，其职业生涯会大幅缩减。

在以人为本的理念下，关注选手们的健康并延长其职业生涯应该在运动训练中有所体现，在电子竞技的运动训练中，需要遵循负荷强度适当的原则。这条原则要求训练管理者或教练对训练过程进行有效记录和分析，准确地把握训练参与者的身心承受程度，根据反馈信息进行及时的负荷强度调整。这种调整是为了使训练参与者的人体机能状态能够适应训练规律，快速进入良好的恢复—训练——恢复—训练循环。

在时下热门的电子竞技运动项目中，团队配合项目居多，那么在制定一个团队的训练强度时就需要一定的区别对待。每一个训练参与者的能力和状态都是不同的，有各自的优势也存在各自的缺陷，团队训练中的负荷强度就需要根据每个训练参与者的具体情况来做一个平衡，保障团队训练达到强度标准，但也不会对个别参与者造成训练伤害。

（4）周期计划制订原则。周期计划的制订一般分为长效大周期和应赛小周期，大周期的训练计划更多是依据赛事项目特点和训练对象基础来制订，小周期的应赛训练计划会更偏向针对性的练习和训练对象的即时状态。

长效大周期训练会更加系统和稳定，也是取得赛事理想成绩的必要条件。赛场上选手们竞技能力的发挥是一种综合表现，会受到来自身心内部和环境外部多方面的影响。因此，从人体的机能适应角度来看，训练参与者提升并保持某一项目的竞技能力是身心各个系统和认知长期刺激反应的结果，短期的刺激不足以实现训练参与者竞技能力的稳定。

然而，为了在重大比赛中取得更好的成绩，短期的小周期应对训练也是十分必要的，人体的机能存在不稳定因素，这就会导致训练参与者的状态不稳定，所以，在制订小周期的应对训练计划时会以训练参与者的即时状态为轴心，在状态的训练才是有效训练。

在电子竞技比赛项目中，由于游戏更新速率和竞技对手更替速率过快，在小周期计划制订时还需要对比赛项目所采用的版本和其他参赛的对手进行大量的针对性训练，做到知己知彼，打有准备之仗，从而在最短的时间内取得最有效的训练效果。

大小周期的训练计划在任何竞技项目中都有其存在价值，在电子竞技运动中合理有效地利用大小周期计划进行训练，会使得训练参与者在正式比赛中发挥得更好。

（5）一般训练与专项训练结合原则。在多数电子竞技运动项目中，同一项目会需要多个不同类型的选手参与。例如，在时下热门的多人即时在线对抗类游戏

《英雄联盟》中，双方队伍均由五位选手组成，每位选手在队伍中的作用、职责、能力都会出现差异。而且面对不同的竞技对手，在选择英雄阵容上也会体现出不同的针对性。因此，在进行训练的过程中，一般训练与专项训练的结合就显得尤为重要了。

一般训练是综合素质的培育，涉及范围广泛，训练方法多样，注重训练对象的全面发展。对游戏机制的深度理解，对各种人物、物品、技能的熟练使用，简而言之，就是什么都需要练，什么都不能遗漏。

专项训练是高强度重复的定式训练，涉及范围小、针对性强、注重训练对象的优势最大化。对游戏中某些领域的深度探索，对某个位置甚至某个英雄的潜力发掘，对自身反应、耐力的极限突破，某些针对对手的战术研究，都属于专项训练范畴。可以简单理解为需要什么，就练什么。

在高水平的竞技对抗中，获得成功取决于99%的努力和1%的天赋。选拔训练对象也就成了一个发现天才、雕琢成器的过程。每一个训练对象都是独立个体，都具有不同的生理构成和优势。顶级水平的电子竞技选手，往往具备超凡的先天特质。在一般的训练中，优秀的教练员们应当善于发现各个训练对象的优势所在，再通过专项训练去激活训练对象的特质，进行导向式的培育。

（6）版本更新适应原则。传统的竞技体育项目，在载体和规则上都较为稳定，如此，训练目标和方法就会相对稳定。但是，电子游戏具有时效性特征（这也是电子竞技运动训练与传统体育训练区别较大的一点）在玩家中广泛流传的"一代版本一代神"也很好地诠释了电子竞技运动训练中需要遵循版本更新适应原则。

电子竞技的载体终归是电子竞技游戏，而电子竞技游戏除了具备较强的竞技属性外，还具备娱乐属性。我们从电子游戏的发展来看，一款电子游戏的寿命长短主要取决于游戏本身的可玩性。影响游戏可玩性的因素主要包括有机制、画面、故事、概率和创新等，在游戏玩家们适应了原有的一切后，为提高游戏可玩性和玩家们的新奇感，游戏开发商会打破这一切，不断地更新游戏，使之发生不同程度的变化（目前主流的竞技游戏一般会采取一月一小更新，半年一大更新）。

游戏地图、英雄、物品等的变化对参加比赛的选手们影响是非常大的，这些更新会不同程度地打破原有游戏格局。所以，适应游戏版本的节奏是每一个项目教练需要认真对待的首要问题，也只有如此，才能有效地确保训练方案的先进和高效，更好地把握住获得胜利的机遇。

2.电子竞技运动训练人才需掌握的方法

在电子竞技运动的发展过程中，各电竞项目中的选手、教练、数据分析师们创造出了不同类型的训练方法，不同的训练方法均有特定的练习功能和操作方式。教练员合理使用方法进行训练安排，是巩固和提升训练对象竞技能力和水平的重要手段，有利于提高训练效率和团队默契。训练对象正确地掌握各项方法，有助于高效率地达成训练目标。

训练方法在理论与实践相结合的过程中，由于适用对象的多维特性，会不断演变和进步，为更好地适应训练对象特征和竞技环境的需要，电子竞技运动的训练方法由早期的简易单一逐步发展到今天的循环综合。

根据比赛项目类型的不同，一些指向性极强的特殊训练方法会根据某些项目甚至是某一训练对象的天赋能力而专门制定。在此列举的是一些在训练中常被用到且较为有效的实际操作训练方法，容易上手行而有效。

（1）体系步骤训练法。电子竞技项目依据其游戏类型在获胜途径上会有不同的侧重。体系步骤训练的意义在于使训练对象牢固掌握训练项目的游戏规则和游戏体系。

任何一个电子竞技项目都具备多种影响竞技结果的因素，如阵容、种族、英雄、武器、地图等，根据每一局对抗的具体情况，这些因素又会产生完全不同的局面。因此，在训练中分主次步骤地熟悉和掌握所有影响竞技结果的因素是十分必要的。

以下以即时对战类的《魔兽争霸：冰封王座》为例来阐述体系步骤训练法的应用。

《魔兽争霸：冰封王座》中影响竞技结果的客观因素主要是地图和种族，其中地图包括大小与资源，种族包括英雄、兵种、建筑、科技；影响竞技结果的主观因素主要是战术意识和控制操作。

在训练时，首先将所有的训练内容编排为若干次级单元，次级单元内容体系需要有相关性和逻辑性，先后顺序可以依据个人偏好和习惯来定。训练对象需要保质保量地去完成每一个次级单元任务，再进入下一个次级单元，如果有步骤进行得不顺利，要及时记录反馈和调整状态，整个体系步骤的训练过程中，应当做到稳固基础和发现特长。

不同种族的使用者均可采用体系步骤训练法进行备战训练。根据四大种族，将完整的体系分为四个次级单元，一个次级单元完成后，可以再依次进行其他三个次级单元训练，每一个次级单元的训练时间为一个月。

熟悉地图的作用主要是让选手能够更好地利用地形和中立资源来掌握比赛的节奏和进行随机应变的战术决策。有利地形的站位、阴影拐角的埋伏都可能成为影响最终胜利的因素。

在《魔兽争霸：冰封王座》这款游戏中，建筑属于可控制的单位，在建造它们的过程中可以考虑战术布局的需要来摆放建筑位置和对建筑进行升级。如此一来，可以最大限度地利用建筑为防守布局和组织进攻提供支持，良好的建筑布局能在防守时给对手带来不小的麻烦。

（2）专项突破训练法。专项训练具有较强的针对性，被广泛应用于各大类型电竞项目的训练，核心作用是"弥补短处"和"增强长处"。

通过常规循环或者体系步骤的训练，训练对象的优点和劣势都会显现。教练员再根据他们的这些特点有的放矢地为其制定相应的专项突破训练。专项突破训练也可用于战术编排，根据竞技对手的短板和长处来进行相应训练。

在《魔兽争霸：冰封王座》当中，属于选手操作控制范畴的十字围杀（对于体积较大的单位甚至仅使用三个单位即可完成）、风筝（HIT&RUN）、编队和技能切换衔接都需要大量专项训练。

值得一提的是，在没有控制技能的情况下，十字围杀往往需要使用一个单位对对手进行"Z"字形卡位，然后再合力将其围困，没有控制的情况下，卡位的同时进行围杀是非常难操作的。

除了在操作控制上进行专项训练以外，在战术应用上同样也可以进行专项训练。某些战术的针对性极强，运用得当可以发挥出额外的威力，例如亡灵族针对暗夜精灵的"天地双鬼流"、人族针对兽族的"SKY流"、暗夜精灵在较大地图上的"乱矿流"等。这些战术应用的流畅度取决于在战场上的随机应变，需要大量的流程练习去熟悉战术节奏，把控和战术中运用的每个兵种的特性。

（3）反复负荷训练法。反复负荷训练法的意义在于全面提高训练对象的身体素质，增强负荷。同时，通过大量反复练习形成肌肉操作记忆减少操作失误概率。

高水平高强度的电子竞技对抗全面考验参赛者的身体素质，通常所说的身体素质包括力量、速度、灵敏、耐力和柔韧五个方面，这些需要通过反复的负荷训练来进行有效提升。一个人身体素质的好坏与遗传有关，但通过正确的方法和训练，可以从各个方面提高身体素质。

那么，这些能力是如何在电子竞技对抗中发挥作用影响选手表现的呢？

力量，指整个身体或身体某个部分肌肉在收缩和舒张时所表现出来的能力。力量在传统体育竞技项目中的体现较为直接，没有力量，选手肯定跳不高、跑不快、爆发力小，直接影响选手可完成的技术动作的强度、难度、准确率等。而在电子竞技中，力量因素对选手的影响则不那么容易被察觉，因为目前阶段的电子竞技项目多以鼠标和键盘为操作工具，一个发育正常的人不存在按不动鼠标和键盘的情况。但是力量强弱是肌肉耐力增长和增强反应的一个重要因素，有助于速度和灵敏性、耐力的发展。

由于电子竞技的战场瞬息万变，机会转瞬即逝，所以，速度和灵敏性在即时进行的（RTS、MOBA、FPS等）电子竞技项目中是极其重要的。速度指在单位时间里完成动作的次数或是身体快速位移的能力，可以反映人体中枢神经系统的机能状态和神经与肌肉的调节机能，也可以综合地反映人体的爆发力、灵敏性、反应速度、柔韧度等素质。其表现形式有反应速度、动作速度和中期性运动中的位移速度。而灵敏性是人体在复杂多变的条件下，对刺激做出快速、准确的反应，灵活完成动作的能力。一次突袭的先手开团、一次技能的完美衔接、一次位移的关键闪避，甚至0.1秒之间的瞬时反应，都可能带来截然不同的战况结果。柔韧性是人体各个关节的活动幅度、关节周围组织（跨过关节的韧带、肌腱、肌肉、皮肤等）的弹性和伸展性的表现，柔韧性强会带来更好的身心协调和肌肉耐久能力。耐力，指人体长时间进行肌肉活动的能力，也称抗疲劳能力。耐力素质体现了肌肉耐力、心肺耐力和全身耐力的综合状况，它与肌肉组织的功能、心肺系统的功能以及身体系统功能的提高密切相关。一场持久战会因为过长的注意力高度集中而消耗过多的体力，在胶着状态下，耐力强的一方可以更长时间保持较好的竞技状态，从而拿下最后的胜利。

通过反复高强度高负荷的训练不仅仅可以提升训练对象的身体素质，还可以减少操作失误的概率。俗话说"熟能生巧"，人类脑部需要时间去理解和吸收一种知识或者技能，然后才能达到超高水平。顶尖的选手需要花上大量的训练时间才能让一项技艺至臻完美。

这种练习方法在反复上要注意保持"刻意"，也就是为什么而反复，带有目的地进行反复训练并提升负荷强度。反复的高负荷练习需要信念支持，对天赋要有正确认识。我们要真正意识到"意志力和天生才华，都是人们在事实发生了之后再赋予某个人的优点"。

（4）模拟赛事训练法。模拟赛事训练法一般适用于将进行正式比赛的训练对象，训练时会按照正式比赛方式和规则进行。模拟赛事训练法可以让训练对象更好适应比赛节奏和规律，比赛还原（或复盘分析）有助于参赛者消除不安定因素，提升综合竞技能力。

电子竞技赛事中的比赛规则和赛制相比传统体育竞技项目存在许多差异，教练需要依据赛事竞技需要原则，围绕比赛规则和赛制带领训练对象进行模拟赛事训练。电子竞技运动中常用的赛制有单败淘汰赛制、双败淘汰赛制、GSL赛制和瑞士轮赛制等。

每个竞技项目都有其独特性，除了以上这些常用赛制，有些项目还会采用升降级赛、KOF等专用赛制。在模拟赛事训练中，不仅要适应比赛赛制和规则，还需对所有参赛队伍进行研究，如参赛选手中的实力分布、擅长战术和优势劣势等，"知己知彼方可百战不殆"这句战场上的名言一样适用于电子竞技运动。

除以上因素外，调整竞技状态在模拟赛事训练中也是非常重要的，在这个阶段的训练中，训练负荷和心理状态都会发生很大的变化，教练应该根据实际情况进行相应的调整和引导，使训练对象调整到最佳状态去迎接正式比赛。

二、电子竞技策划与运营

电子竞技运动与管理是更适合体育方向进行教育教学和研究的专业，而对于以传媒传播或艺术设计为教学主导的方向来说，需要有新的专业（方向）来引领。电子竞技策划与运营（方向）是南京传媒学院在2018年为适应电子竞技产业发展而新设的专业方向，属于艺术与科技专业。

相比电子竞技运动与管理的教学方向来说，电子竞技策划与运营更侧重于为电竞行业培养策划类和运营类的人才，教学重点主要落在培养学生的文字综合、思维逻辑、创作策划和渠道运营的能力上，使之能够从事电竞赛事及战队运营与管理、电竞节目包装与制作、电竞展会规划与后勤、电竞与游戏测评、交互娱乐产品运营与发布、电竞文创周边产品、电竞赛场及展台设计、战队视觉包装以及相关工作。毕业生就业主要面向电竞运营商、游戏开发公司、互动娱乐网站、电竞战队及俱乐部、数字互动娱乐公司、策展公司、体育赛事组织与管理部门等企事业单位。

该专业（方向）学习的核心课程主要有电竞游戏概论、电竞游戏用户需求分析、电竞标识设计、品牌运营与推广、新媒体栏目设计、电竞产品设计、数据分析与可视化、电竞游戏策划、平面设计软件、三维设计软件、综合创作实践等。另开设选修课程，有电竞战术学、用户行为分析、游戏心理学、虚拟与增强现实、电竞赛事解说、科幻与魔幻文学等。

（一）策划与创意

策划是为了达到一定效果和目的，在现有环境与知识储备下遵循规则原理，对未来即将发生的事情进行科学预测并制订可行的方案。这种说法最早出现在《后汉书》中，"策"是指计谋、谋略；"划"则指设计、筹划、谋划。现在，"策划"还是许多公司设置的一种岗位。电子游戏策划、电竞赛事策划、电竞内容策划和电竞产品策划都是电子竞技行业中炙手可热的岗位。

具体的策划工作内容较广，因为是预先方案，需要考虑多个方面的因素，所以，不仅要合理，更要周全。同样，策划工作也是简约的，策划就是将你的知识所学加上逻辑思维和创造力的碰撞。一般的策划过程主要由以下几个环节构成，在你们的学习和工作过程中，可以尝试应用到这几点。

1. 明确目标

明确目标是有效行动和方案成功的基石。有清晰的最终目标，才能将其层层分解成容易的可各个击破的工作；没有明确目标，则容易陷入混乱和无序，从而导致工作效率低下。

无明确目标的策划工作是一个不合格、不利于开展策划的工作，因为在接手时会发现不好下手，工作效率自然无法保障。从目标制定（策划一款电子游戏），问题即凸显：策划什么类型的电子游戏，目标人群又是哪些；到初期工作，自然要对现有类型的游戏逐个分析，再选取其中一个；再到中期工作，类型确定后，游戏的风格和题材还需要摸索，那又得进行各种题材风格的尝试；最后到收尾工作，由于没有明确目标，海量的游戏群体分析需要花费大量时间。

2. 整体布局

细节是一个黑洞，会消耗大量的时间和精力，特别是对于策划新手来说，如果在策划的起草阶段，就在雕琢细节问题，那么不仅耗费时间，更有可能会让整个策划案出现许多不相融洽的地方。

这一点在很多领域都是如此。作画者在绘画之前如非技艺高深，一般都会先打好大致的框架然后再逐一雕刻细节；城市规划者在规划建设之时，也会先做好整体设计再进行各局部的安排。策划也是如此，首先要厘清整体思路——要做哪些事情，分为哪些步骤，工作顺序又是如何，构建好整体框架后，再回过头来细品每一个环节，做到精益求精。

3. 关注用户

策划应用的对象就是目标用户，所以，在策划过程中，一定要密切关注目标用户的需求及其变化。一般来说，各领域经过发展都会产生许多有效、有价值的用户需求数据。这些数据可以看作策划案中的指南针。

4. 保障有效

一份好的策划案带来的结果是不言而喻的，在策划过程中，许多新手都会沉溺于遵循"创造"上，这其实会有失偏颇。诸多经验告诉我们，在任何商业的策划中，行之有效才是最好的。创意虽然也很重要，但是，进行创造的知识积累不是一蹴而就的，灵感也不是说来就来的。所以，在策划过程中，如果你觉得某些想法都好，就分别测试，得出数据，在策划时间结束之前做出一个选择。

5. 提升创造

创造是各领域发展的源动力，没有创造，发展就会停滞不前。但是创造并不能够凭空产生，而是需要通过大量的知识积累加上灵感的催化。策划岗位非常考验人的创造力，具有创意的策划，就像一把打开市场大门的魔力钥匙，能够激发客户更多的兴趣，产生更多的产品收益。如果没有丰富的积累，就难以捕捉住灵感闪现的火花，所以，对于多数人而言，提升创造力是一个漫长而又细腻的过程。

6. 注重反馈

策划和学习一样，要注重复习，在策划行为中，复习可以理解成反馈。每一次的策划，不管好与坏，都应该记录反馈，有效反馈可以让不达标的预设工作及时修正，得到改善。策划工作和学习一样，都是动态的，也是没有尽头的，所以，在策划过程中，不管是小环节还是大策划，都应该注重反馈，并随时调整。

（二）运营与管理

管理运营指对运营过程的计划、组织、实施和控制，是与产品生产和服务创造密切相关的各项管理工作的总称。运营管理是现代企业管理科学中最活跃的一个分支，也是新思想、新理论大量涌现的一个分支。

而电子竞技行业内的管理与运营需求主要体现在电竞赛事运营维护与电子游戏运营推广上。在政府宏观调控和市场经济推动社会繁荣发展的总基调下，有序有效进行管理运营是每一款游戏或每一项赛事成功的关键。那么，市场对从事该领域的运营管理人员会提出哪些要求呢？

从行业人才招聘的渠道来看，运营管理人员任职要求主要体现在以下五点：一是具备本科以上学历，热爱电子竞技行业，能够主动积极加深对电竞赛事及电子游戏的理解；二是精通办公软件（office），具备较好的沟通合作能力；三是具备较强的语言组织能力和营销文案撰写能力；四是具备责任心，对用户和数据有敏锐的洞察力和分析能力；五是能够在运营或管理过程中梳理价值、流程和风险等方面的关键点。当然，不同规模的公司会因资金储备、技术实力和外部环境等因素对运营管理人员的职能进行适当的调整，以符合企业的实际情况和发展需求。

1.热爱行业并积极进取

热爱行业、积极进取在每个行业中，对求职者来说都是首要的一点，没有热爱就难以进取，更难以有所成就。而这一点在电竞行业中显得尤为突出，因热爱而追求本就是第一代电竞人所坚持的一种信仰，这种思想也得到了较好的传播。询问电竞行业不同岗位的从业人员为什么选择电竞行业，得到的答复会出奇一致——因为热爱，所以选择。

2.融于团队并乐于奉献

团队合作是现代化工作的一种常态式，1+1>2的效益产出正是团队合作被各领域广泛认可应用的主要原因。虽然每个领域的团队构成都会存在差异性，但是团队的精神是一致的。团队精神需要任职人员在做好本职工作的同时能为团队奉献更多，致力于成为团队运作中的万能齿轮。这也是推动团队有效做功甚至发挥最大作用的关键所在。

3.语言表达和文字综合能力

具备较强的语言组织能力和营销文案撰写能力。良好的语言表达是岗位任职者与上下级、同级、其他业务往来对象进行有效沟通的一种保障；较强的文字综合能力能让运营与管理的每一个环节产出可视化、可读化的文件材料或演示文稿，这能让进行运营管理的环节变得更为清晰，执行运营管理的指令变得更为便捷。

4.数据整合和数据分析能力

运营和管理人员需要为公司提供辅助性的决策信息，也需要掌控运营全过程的进度、成本、阶段性成果和风险，而对于接手项目的运营健康状况更需要进行全时间段、全方位的评估。这些行为都需要通过数据整合和数据分析来完成。一个游戏的推广、一个赛事的宣发都是一个长效时间的任务，运营管理人员需要将每一个时间节点的数据进行整合，站在公司的角度对其进行整体的分析，通过深度数据分析，找到存在的问题，找到潜在的风险，并适时提供可行的解决方案。而当公司规模达到一定程度，运营管理的难度和重要性都会随公司项目级别的提升而增长。如何通过有效的数据整合和分析成为运营管理人员的核心能力之一。

5.统筹协调和服务全局能力

运营管理是与多个部门、环节产生交集的岗位，如何在项目进行过程中从各个环节获取准确信息，如何配合团队朝共同目标前进，如何发现问题并找到合适的人来解决问题，都考验着运营管理岗位的协调能力。运营管理同样也须具备服务全局的眼光，做好运营与管理需对电子竞技产业的全领域有一定程度的了解，熟悉相关项目的开发和各环节的运作，这要求岗位任职者具备极强的责任心。不管是电子游戏推广还是电竞赛事推行和维护，都有很长的周期。这就需要从事运营管理的人员有充足的责任心，要敢于提出问题，并协调各部门解决这些问题。

三、电子竞技艺术设计

电子竞技艺术设计方向主要接洽的是游戏美术市场和电竞内容美工市场，这个方向的教学内容和行业市场与现有的数字媒体艺术专业存在许多共同点。2017年，中国传媒大学在动画与数字艺术学院新增了数字媒体艺术专业（数字娱乐方向），后更改为艺术与科技专业（数字娱乐方向）。教学目的是培养电竞主播、导播、游戏策划、游戏设计等数字娱乐方向的人才。

该方向的专业课程设置主要涉及三个方面，分别是游戏策划与创作（包括游戏分析、游戏创作、游戏叙事、游戏心理、游戏数据、游戏引擎、游戏编程、三维建模等）、电竞赛事策划与执行（包括电竞赛事策划、赛事数据分析、赛事导播等）和行业内专业相关实践课程。

为学好这些专业知识，学生具备的专业素养主要包括以下几点：

①喜爱和熟悉数字娱乐产品，特别是电子游戏，对游戏内容、机制和用户黏性有一定的见解。

②热爱电子竞技运动，对电子竞技的运动方式和电子竞技赛事有一定的了解，

并在学习专业课程的过程中，能够理论结合实践，积极参与赛事策划、执行的实践工作。

③不断提升学习能力，保持对新兴事物的探索欲和自我的创造力，在创作游戏作品或策划文案时能够与时俱进，勇于创造创新。

④养成发现美、创造美的能力。设计就是为了美化生活，提供精神愉悦，发现美、创造美的能力在设计作品的最终形态中具有重要意义。

⑤具备团队合作的能力。对于一项复杂的任务，进行团队合作，是比较好的选择，充分融入团队，发挥潜力是大学生步入社会前最需要重视的能力之一。

在这里值得一提的是游戏原画岗位，我国高校多数动画学院的招生路径主要是针对美术艺术生，而且目前电竞市场（主要是电子游戏市场）的高质量游戏原画人才极其稀缺，甚至许多游戏原画任务需要依靠外援来完成。

游戏原画是电子游戏制作的重要环节，承担了将游戏策划转变为可视人物和场景，搭建起电子游戏世界的视觉框架的任务。游戏原画是游戏图像化的第一步，在整个游戏研发的过程中起到承上启下的作用。

游戏原画师的具体工作是根据策划的文案，设计出整部游戏的美术方案，包括概念类原画设计和制作类原画设计两种，为后期的游戏美术（模型、特效等）制作提供标准和依据。概念类原画设计主要包括风格、气氛、主要角色和场景的设定等。制作类原画设计则更为具体，包括游戏中所有道具、角色、怪物、场景以及游戏界面等内容的设计。原画是为游戏研发服务的，要保持游戏整体的统一性，保证模型师及其他美术环节的制作。随着电子计算机软硬件设施的提升，电脑软件利于画面修改和增加特效的优势，在游戏原画领域，越来越多的游戏原画师选择用电脑绘画取代传统纸张绘画。

四、电子竞技解说与主播

近年来，电竞解说和电竞主播已成为备受关注的两个职业，丰厚的薪资、闪耀的舞台，让许许多多的电竞从业者都心生向往。南京传媒学院在2019年新增设了播音与主持艺术专业（电子竞技解说与主播方向）。

该专业（方向）主要培养具有扎实的播音主持基础，能够从事各级媒体娱乐电竞频道主持人、各大线上、线下电竞赛事解说、互动娱乐网站主播、新媒体主播以及相关工作的应用型、复合型、创新型高级专业人才。核心课程主要包括播音主持基础、播音主持表达、电竞游戏概论、电竞战术学、电竞赛事解说、新媒体主播等。另外，还开设表演基础、形象设计（造型定位）、新媒体导论、创新思维训练、媒介素养通论、出镜记者现场报道、传播心理学、科幻与魔幻文学等专业选修课和公共选修课。毕业生就业主要面向各级电视台娱乐电竞频道、电竞运营商、互动娱乐网站、电竞战队及俱乐部、数字互动娱乐公司等企业单位。

那么，一名优秀的电子竞技解说员或电子竞技主播需要哪些素质呢？

首先，要熟悉各大热门电子竞技的比赛项目，对游戏内英雄属性、装备物品、地图特征和游戏节奏有深度见解。在解说比赛时，能够深入浅出地分析讲解每一盘的局势走向。

其次，对解说项目的历史经典比赛进行深入复盘并熟悉各个版本的国内外主流战术。对这些历史经典战役的复盘及主流战术分析可以增强知识储备，让解说的发挥空间不会局限在当场比赛，得到较大扩展。这样不仅能够提升观众对解说的专业认可，还可以调动起更多观众的热情，得到共鸣。

再次，具备播音主持的扎实基本功，在讲解过程中能够发挥优秀的语言表达能力，让观众在观赛过程中获得更多的乐趣，才能更好地实现解说价值。这一点无论对电竞解说还是对传统体育项目解说来说，都属于基础素质。

最后，随机应变的反应能力。不论是传统竞技还是电子竞技，任何比赛项目进行的过程都随时有可能出现各种状况，甚至意外事件，优秀的解说需要具备临时处理解释突发状况的能力，让观众能够在愉悦中消耗掉这些时间。一名解说员要做到做好这些，并非一朝一夕之功，而是需要通过长效的锻炼和经验的积累。

以上四点可以看作一名优秀解说员需要养成的基本素质，而在基本素质养成的过程中，还要形成属于自己的解说风格。解说风格的形成不同于一般的技能训练和知识学习，它是在解说过程中表现出来的相对稳定、更为内在和深刻，从而更为本质地反映出解说员个人思想观念、审美理想、精神气质等内在特性的外部印记。解说风格的形成意味着解说员开始走向成熟阶段。[①]

---

① 龚骁，蔡文敏著.电子竞技概论［M］.广州：广州中山大学出版社，2021：81—82.

第八章　产教融合背景下电竞专业教学体系优化

第一节　电子竞技运动与管理专业的学科优化

一、电子竞技运动与管理专业发展问题

（一）电子竞技运动与管理专业建设滞后于行业发展

电子竞技产业的发展火热已经成为不争的事实，但其专业建设明显滞后于行业的发展。专业发展主要源于2016年之后，这与电子竞技产业的发展相比明显滞后。

其次，当前我国电子竞技运动与管理专业虽然在2016年之后发展较为迅速，已经有将近100所院校开展相关专业，但是其培育人数仍然远远不能满足社会需求。另一方面，电子竞技运动与管理专业的院校发展主要集中在专科院校，本科院校尚未真正大规模开展，电子竞技运动相关专业的学历教育仍然发展较缓。

（二）电子竞技运动与管理专业人才培养目标不明晰

在培养目标的确立方面，为了适应社会的多样化需求，各个高校的培养目标十分多元，不仅培养电竞赛事裁判，也培养涉及运营、管理、营销等赛事管理类人员，更有学校开设电子竞技运动员培养。以电竞选手为例，其比赛黄金年龄多集中在20岁作用。而高校的入学年龄基本在18岁左右，这就导致学校培养的选手无法进行专业性比赛。一方面，专业培养目标脱离了一定的社会实际。另一方面，培养种类过多，容易造成对培养方向把握不到。学生需要学习什么技能、专业开设之后需要设置什么课程和怎么帮助学生对接工作岗位等一系列问题需要高校进一步思考。

另一方面，政府没有进一步的指导的同时，行业分类缺乏标准参考，使得电子竞技运动与管理的专业人才发展目标没有良好的方向。

（三）电子竞技运动与管理专业人才课程体系有待优化

课程设置虽然按照基本高校的发展，在必修课、选修课、专业课、实习等各个维度开展，但是在开设课程仍然有不少问题。

首先是重理论教育，轻实践。原本注重专业实操能力的课程，大量的时间只在传授基本理论、概论等相关资料。

其次，课程模糊不清晰、课程雷同的现象时有发生。比如赛事运作的中运营管理和风险控制在实际操作中较为相似，处理的问题和所需能力较为一致。这导致学生度课程的对待程度千差万别，影响课程的实际效果。

第三，教学形势仍然是传统的教学方法。老师以讲授为主，学生只需听讲。这就导致课程教学的创新型不足。电子竞技运动与管理专业在培养目标的确立方面，为了适应社会的多样化需求，开设了电子竞技运动员、电子竞技赛事裁判员、电子竞技赛事管理、电子竞技赛事运营、俱乐部管理等多种多样的人才目标。但是种类设置过多，对重点培养方向把握不到位。学生需要学习什么技能、专业开设之后需要设置什么课程和怎么帮助学生对接工作岗位等一系列问题需要高校进一步思考。

第四，另一方面，政府没有进一步的指导，且行业分类缺乏标准参考，使得电子竞技运动与管理的专业人才发展目标没有良好的方向。另外，由于互联网的普及，电竞发展方向出现变化，出现了向手游等移动端发展的趋势。AR、VR等技术更新，电竞势必要与其融合发展，发出新的电竞游戏、电竞比赛等。这些迹象表明，如果不及时更新教学课程，电竞专业的发展势必受到影响。

（四）电子竞技运动与管理专业教材编写不实用

通过梳理发现，专业教材编写主要有以下几大问题。

首先，相关教材编写时间较晚。编写时间主要集中在2016年之后，最近几年开始逐渐增多。

其次，教材编写内容主要集中在相关历史、相关内容的介绍和概述。理论性较强，但是实际应用效果不佳。

第三，编写内容的相关学者较少，且主要集中在教育培训机构编写，内容主观性较强，不利于学生对实际情况的掌握。与此同时，相关书籍比较零散，只有极个别产业机构从事相关系列丛书编写，这导致书籍编写不适用学生的发展。

总之，通过编写时间、内容、作者、机构等角度发现，目前教材编写还不能与实际真正结合。多重因素的结合下，专业教材的编写缺少实用性。如何提升实用性，丰富教材是未来学者应该努力和思考的问题。

（五）电子竞技运动与管理专业师资不全面

电子竞技运动与管理专业的师资力量薄弱。从教师数量和质量可见一斑。数量层面表现在以下几点。

首先，总体师资人数少。由于专业开展年代较近，教师人员配比整体不足。

其次，在结构方面，由于办学资历较短。多数学校采用合作办学的方式。专业老师多为教培机构负责，公共课有学校老师开设。两者之间缺乏良好的衔接与沟通，导致教学不能满足专业活动需求。质量层面，目前电竞老师出于对经验的要求，多为相关从业人员，而目前从业人员呈现年轻化特征，年龄普遍集中在20-30岁。由于长期从事行业，导致其学历普遍不高，虽实践经验充分，但是对于教育学、心理学等理论涉猎不足。

这些现象导致在传授知识层面无法与专业教师相比，教学质量不佳的现象存在已是不争事实。不少学生对于专业学习缺少了热情与动力。另一方面，作为社会新型专业，教学手段仍然是传统的教学方法，缺少多媒体、互动性、实践性。使得课程变得枯燥、乏味的同时，实际应用性较差。

（六）电子竞技运动与管理专业实践投入不足

考虑到电子竞技运动与管理专业的实操性和应用性强。电子竞技运动与管理专业的实践操作尤为重要。目前，有三点问题较为突出。

首先是设备投入不足。不少专业型的岗位对于专业技能的发展极为重要。但是不少专业院校由于资金缺乏，相关的专业配套设施不足，不能完全满足学生的相关需求。

其次，电竞教学活动和实践活动不够丰富。大部分的学生还是通过观看赛事直播来补充业余活动。其实学生交流电竞相关内容、了解行业信息更多是来自学校搭建的教学活动平台，学生在这方面参与度低，说明学校在开展日常教学工作之外，缺乏其他类型的教学活动的开展。

第三，校外实习基地较少。在学校安排的实习基地仍然较为单一，不能满足学生的全方位要求。

（七）电子竞技运动与管理专业学生思想教育有待加强

虽然当前社会缺口与需求很大，目前专业教育尚不能满足其行业需求。在调查过程之中，在考虑行业发展时，学生不会选择与自我专业相关的行业。这与他们在当初选择专业的初心完全背道而驰。虽然考虑到学生对于专业的就业选择会随着时间的变化而变化。但是如果大规模的人才从事与专业无关的行业，客观上会造成教育资源的浪费。如何坚定学生的专业理想，将学生专业选择的热情，转变成就业理想成为思想教育的重点。因为只有个人从事该行业发展的意愿愈发坚定，才会有源源不断的行业人才。而只有为行业输送专业的人才，才是保障行业的长效发展的根本保证。

二、电子竞技运动与管理专业的学科优化策略

（一）细化专业方向，明确人才培养侧重点

虽然当前人社部确定了相关的岗位需求，教育部门也开设了新专业。但是院校当前专业建设不明晰。培养目标如果相对笼统模糊，无法开展针对性相关教育。因此，不能将社会需求完全照搬道培养目标上。

首先，要打造学校特色。要结合自我的学校特征，资源优势，确定自我的教学定位，确定学校特色。高校在应该对学生进行适当分类，采取小而精的教学模式。开设不同的班级。比如上海体育学院在其广播编导专业的基础之上，开展电竞主播相关专业。在利用自身体育+主播的资源的基础之上，开设电竞解说方向，既是对教学资源的合理利用，也拓宽了学生的就业方向，也满足了上海对于电竞解说人才的需求，服务于当地经济。学生在尚未毕业之际，就已经不少单位向其投橄榄枝。培养出符合社会需求的人才，这将是未来不少高校需要进行改革的地方。

（二）提升课程合理性，促进教师队伍建设

众所周知，课程是专业建设的关键一环。提升专业质量，首先就要围绕课程设置开展相关设置。

首先，明确电竞专业是应用型学科。提升其应用型和学生的实践能力是关键。所以在课程过程中，要保持课程要求的首要条件下，提升技术实践课程占比。这样就会使得学生在课程中学会实操，在就业过程中拥有一技之长。

其次，学科要在细化专业方向方面下功夫。由于专业方向不同，比如，管理运营和技术处理等方向完全不同。

因此，要开始专门的课程以服务不同的专业需求，做到差异化、个性化课程。与此同时，课程建设都离不开老师。教师的能力、多元化才能使得课程的合理性真正落地。在促进教师队伍建设中，可以从以下几点入手。

第一，招聘资历丰富教师。加强教师资质审核制度，提高教学质量。着力打造老中青的教师队伍，形成完善的队伍建设。

其次，积极组织老师进行教学改革。可以通过开展教学比赛，利用教师之间的教学比赛和试讲，在竞争教学中优化教学方法，在交流中发现教学问题。

第三，打造双师型职业教师。弥补老师的总结经验，发现问题。通过这些方

法在引进和培育过程，建设完善的教师队伍。

（三）加强校企合作，严格把控教材编写

除去课程之外，教材编写也是教育过程承担着很重要的作用。通过梳理发现，当前教材编写体系较弱，编写的适用性不强，"重理论、轻实践"等问题突出。目前书籍编写的主要人员集中在企业部门，真正的高校教育者较少。而教材的编写，不仅需要电竞的专业知识，更需要教育学知识。所以，在编写教材时，应该强化校企合作，通过利用双方的优势，严把教材关。从高校来看，可以利用教学知识和经验，优化教材编写的逻辑和内筒。从行业视角，可以提高教材的实践性和可读性。通过双向合作，提升教材的科学性和合理性。

（四）开展合作教学，助力实践与就业

作为应用型专业，学生的动手实践是衡量专业发展的直接结果。因此，学校除了在日常传授知识的同时，也应该积极为学生提供实践平台和实习机会。学校应该与专业机构积极交流与合作，以此为同学提供相应的实习岗位和集团。比如山西体育职业学院与完美世界开张合作。每年将学生送往其机构，进行专业化教学和实践。在这过程中，学生的赛事理解能力得到增强。通过产学合作，有效实现了教学资源共享。通过产教融合，可以优化资源配置，实现人才在行业链条有效流动，有效激活学生培养和教育信息化建设，打通电竞教育的最后一公里。

与此同时，在搭建教学基地的同时，也可开展深度融合，通过签订协议，实行"订单式"人才培养，积极为各大电竞机构输送人才。如此通过教育合作，首先可以学生提供良好有保证的岗位。其次，解决行业人才缺乏问题，保证了学生就业即可上岗，减少行业培训经费，最后也促进了高校的可持续发展。

（五）强化思想教育，明晰学生就业观

由于电竞专业的特殊性，其受众主要集中青少年。因此，不少学生在报专业时，经常因为专业名称而选择其专业。误以为，大学可以打游戏，简单学习。但是实际入学往往反差较大。因此，学校在招生、入学教学等过程要加强相关教育。以学生的兴趣为起点，开展相关教育和发展。在招生过程之中，可以邀请专业企业，进行详细讲解，择业优势和就业标准。其次，学校可以借助学校开放日等活动，促进学生对专业的认知。

总之通过多种方式，可以强化其认知。其次，在学生的日常教育活动，积极进行教育，利用班会、年级大会开展专业介绍，使学生对其发展进行更加深刻的了解。另一方面，积极引进想干专业人才进行宣讲。如此，可以加强学生的专业认可度。

在引进来的同时，也要积极走出去。首先，鼓励学生参加社会实践。其次，

带领学生参观企业、俱乐部等。借助多种模式了解社会发展。另外，在课程设置中，也要开展相关的职业选择。

（六）学习域外经验，打造本土教学模式

他山之石，可以攻玉。当今社会信息爆炸，只有积极交流与学习，才能补足。高等教育不仅需要校际、区域间合作交流。学校更要立足于国际视角，将眼光放眼于世界。我国的电竞产业开展历史较短，所以经验不足。而欧美等国家在电竞教育发展较早，已经拥有较为丰硕的成果。

所以，学校可以积极进行对外交流，学习域外经验。比如邻国韩国，其电子竞技教育发展历史久远，已经培养出一系列的电竞选手和从业人员。所以，我们国家可以学习韩国的教学经验，利用域外经验，弥补自己的不足。当然在引进过程中，不能照搬照抄，要结合本土教学特色和依据。在此基础上，研究出适合本土的电竞教育体系，培育出我国特色的电竞人才，真正促进国内电竞的长远发展。

（七）政府加大扶持，引导大众认知

当前专业发展明显落后于行业是不争事实。现在的行业发展不仅要从教育层面狠下功夫，更需要政府汇聚能力，加大扶持。首先，政府要加大扶持力度，出台相应的地方性政策，开展具体化扶持力度，通过政府来调控行业整体发展规模和基础，为电竞行业发展保驾护航。其次，目前社会对电竞和网游的认知不足，社会争议不断。为了保证电竞的整体发展，政府也要加强社会引导，通过主流媒体的正确评价，将电竞的价值与意义传递给大众，促使大家正确认知电竞项目。最终消除大众的刻板印象，吸纳人才进入行业，促进电竞高质量的发展。[①]

第二节　产教融合背景下电竞专业综合实践课程优化

一、电竞专业综合实践课程现存的问题

（一）人才培养规格存在偏差

由于没有明确的主题目标，很多学生的实践活动是盲目的，缺乏解决问题的清晰思路。电子竞技行业看重实践能力，需要人员能够灵活、高效处理实际问题。高校的电子竞技专业应以专业技术型人才为主要培养目标，定位是具有专业理论

---

① 马苏梅.高校电子竞技运动与管理专业人才培养现状及优化策略研究［D］.中北大学，2022：15—16.

知识、专业技术技能，可以解决实际问题。目前高校电子竞技专业的人才培养标准与企业岗位需求有很大偏差。高校应加强与行业、企业的交流合作，修订人才培养目标，以满足行业、企业需要。

（二）缺少完整的计划和活动周期

从目前的设计类实践课程来看，学生的实践活动缺少完整的计划和周期，而且很多实践活动需要在课堂中完成。课堂教学很难让学生体验行业工作的完整周期、工作流程和工作需求。同时，学生作为行业新人，在实践活动中缺少经验，很难制定完整的工作计划。

（三）课程体系缺少实践意义

电子竞技专业生源以艺术考生为主，他们的文化课基础、专业能力参差不齐。高校电子竞技专业的课程体系大多参考了其他类似专业，如动画设计、平面设计、摄影摄像等，这些专业对文化成绩、专业技能要求相对较高。电子竞技专业课程设置上缺少短板的补齐或针对性的提升。电子竞技专业实践课程大多没有让学生深入产业体验的要求。教师专业理论知识丰富，教学水平较高，但缺乏企业工作经验，往往只能给予理论指导，不能给予实际工作指导，学生面对实际问题时往往选择忽视或放弃解决。教学中较少考虑学生的层次与能力，缺乏针对性，学生的竞争力较弱。电子竞技行业发展特殊，要重视对学生创造性解决问题能力的培养。

（四）学科课程分割严重

构建课程体系时，电子竞技专业常采用三段式方法，即专业基础课、公共基础课安排在第1学年，核心专业课、专业课程安排在第2和第3学年，核心技能课（即实训课）安排在第4学年。这种三段式课程体系能循序渐进地实施课程教学，遵循教育规律，具有一定的优势，但在实际操作中应根据具体情况灵活变化，以更好地促进学生自主学习。

（1）对个别专业，三段式会彻底划分学科，而各学科会有相同的知识点，进而出现大量知识重复且个别知识点无法得到专门传授的问题。这种学科划分致使教学资源整合性不强，不仅浪费大量学时，还会影响教学成效。

（2）学科相对独立，在缺乏强化训练的情况下，学生无法牢固掌握核心知识和技能，无法整合知识形成框架并融会贯通，而这会阻碍学生创新能力的后续发展。

（3）学科课程没有均衡分配，学生面临时而过多或时而过少的学期学习任务，不利于时间分配，也不利于知识的吸收、消化。

二、产教融合下电子竞技实践课程优化对策

（一）突出学生主体地位、注重体验

学生是实践活动的主体，教师要让学生自主明确实践课题，以充分发挥学生的主观能动性，积极参与学习、实践。亲身实践是实践活动之本。学生只有在实践中面对实际问题才能学以致用，才能强化学习，强化创新思维，提高创新能力。充分考虑学生的兴趣和专长，制定科学的实践目标，培养学生观察、质疑能力。教师要引导学生总结经验，提升创新能力。

（二）鼓励行业、企业积极参与

校企合作模式能够整合学校和企业的优势，共同培养社会与市场所需要的人才，实现高校与企业双赢。企业具有行业一线资源，学校具有专业理论知识，学校和企业双向介入能够促进教学与生产结合，优势互补，所以校企合作是实现高校培养应用型技能人才的重要途径。学生可以通过校企合作的实践课程真正深入行业，切实了解并思考实际问题，提高创新能力。

（三）实训环境职业化、管理模式企业化

创新力的培养不能脱离实际。学生的实践要与未来工作相联系，以切实了解所学的理论知识在产业、行业中的作用。为了让学生提前接触企业，熟悉企业运行模式和工作流程，要实现实训环境职业化、管理模式企业化。

（四）多专业融合，模块化教学

模块化教学是专门针对复杂问题的教学模式，以自上而下的方式细化系统目标，划为若干教学模块，各模块具备相应的子功能（即学习任务与学习目标），既相互独立又相互联系，共同实现系统功能。国外发达国家已开启跨专业联合教学之路。[1]

---

[1] 郑昱凡，陈江，陈飞.基于产教融合电子竞技专业设计实践类课程创新力培养体系构建[J].镇江高专学报，2022，35（02）：122-124.

参考文献

[1] 夏清华.电子竞技商业模式［M］.武汉：武汉大学出版社，2019.

[2] 恒一.电子竞技产业分析［M］.南京：江苏人民出版社，2017.

[3] 龚骁，蔡文敏.电子竞技概论［M］.南京：江苏人民出版社，2017.

[4] 恒一，林旭.电子竞技游戏解析［M］.京：机械工业出版社，2020.

[5] 超竞教育，腾讯电竞.电子竞技运动训练学［M］.北京：高等教育出版社，2021.

[6] 恒一，黄竹青.电子竞技心理学［M］.南京：江苏人民出版社，2018.

[7] 龚骁，蔡文敏.电子竞技概论［M］.广州：广州中山大学出版社，2021.

[8] 邬厚民，朱恺文，戴运筹.游戏与电子竞技概论［M］.北京：中国铁道出版社，2020.

[9] 恒一，李季涛，乔宇.电子竞技解说教程［M］.北京：机械工业出版社，2020.

[10] 曹瀚霖.电子竞技俱乐部经营与管理［M］.南昌：江西美术出版社，2020.

[11] 黄淼，王蕾，张桐编.电子竞技游戏用户需求分析［M］.广州：中山大学出版社，2020.

[13] 马冀，方禧东.电子竞技与教育［M］.北京：中国财政经济出版社，2023.

[14] 赵佳.电子竞技导论［M］.上海：同济大学出版社，2022.

[15] 段鹏，张易.电子竞技蓝皮书 中国电子竞技发展报告 2023 电子竞技社会价值［M］.北京：社会科学文献出版社，2023.

[16] 南京恒一文化传播有限公司.电子竞技概论［M］.北京：机械工业出版社，2021.

［17］姜汉烽，吕楠.电子竞技产业概论［M］.北京：电子工业出版社，2020.

［18］张轩，张大鹏.电子竞技史［M］.北京：电子工业出版社，2019.

［19］超竞教育，腾讯电竞.电子竞技产业概论［M］.高等教育出版社，2019.

［21］直尚电竞.电子竞技心理学［M］.北京：高等教育出版社，2019.

［22］张轩，巩晓亮.电子竞技新论［M］.北京：电子工业出版社，2019.

［23］恒一，查天奇.电子竞技发展史［M］.北京：机械工业出版社，2019.

［24］马苏梅.高校电子竞技运动与管理专业人才培养现状及优化策略研究［J］.中北大学，2022（11）.

［25］王杰，刘华，耿宇.我国电子竞技体育运动的发展困境及其对策研究［J］.文体用品与科技，2023（17）64-66.

［26］郑校清.对高校体育课引入电子竞技运动项目的探讨［J］.当代体育科技，2023（13）：167-170.

［27］张桥，锋魏，冉刘艳.为电子竞技运动正名——电子游戏、体育与其相关概念的辨析［J］. 2022年第十四届全国体育信息科技学术大会，2022（05）：100-101.

［28］杨贵明.电子竞技运动项目的规范化发展研究［J］.当代体育科技，2022（27）：183-186.

［29］司帅.电子竞技运动制胜因素指标体系的构建研究［J］.上海师范大学，2022（10）：90.

［30］邹婷，尹杰.电子竞技运动异化研究［J］.中国体育科学学会，2022：444-446.

［31］张丹，袁新国，胡蝶，花炎.电子竞技运动的价值辨析与发展思考［J］.体育风尚，2021（08）：257-258.

［32］贾天奇，刘露.多学科视角下我国电子竞技运动发展问题研究［J］.当代体育科技，2021（12）：217-219.

［33］赵得江.电子竞技运动校园化发展管窥［J］.体育风尚，2021（01）：60-61.

［34］俞健李，史曙生.我国电子竞技运动的发展形势、困惑与路径分析［J］.安徽体育科技，2020（04）：6-9.

［35］蔡泽钰，王品.从社会变迁视角重新理解和定位电子竞技运动［J］.当代体育科技，2020（17）：227-228.

［36］恒一主编.电子竞技概论［M］.南京：江苏人民出版社，2017.

［37］崔海亭.电子竞技训练方式与战略战术研究［M］.长春：吉林出版集团股份有限公司，2021.

［38］龚骁，蔡文敏著.电子竞技概论［M］.广州：广州中山大学出版社，
2021.